親職教育：
有效的親子互動與溝通

王以仁 著

作者簡介

王以仁

學歷：國立政治大學心理系學士

國立政治大學教育研究所碩士、博士

美國密西西比州立大學諮商員教育研究所博士後研究

經歷：救國團青少年輔導中心臺北市義務張老師、督導

國立臺灣海洋大學、輔仁大學兼任輔導教師

銘傳商專、國立中山大學專任講師

教育部第一屆「學生輔導諮詢小組」委員

中華民國家庭教育學會常務監事

臺灣嘉義監獄諮詢委員

宇宙光諮商中心諮詢顧問

臺南縣、嘉義縣家庭教育服務中心顧問

嘉義縣衛生局社區心理衛生中心顧問

國立嘉義師範學院秘書室主任、實習輔導室主任、進修部主任、學生輔導中心主任

國立嘉義大學輔導學系主任、代理師範學院院長、學務長、副校長

現職：國立嘉義大學輔導與諮商學系兼任教授

臺灣家庭教育專業人員認證委員會委員

中華民國家庭教育學會理事

嘉義縣衛生局心理衛生中心諮詢委員

救國團嘉義張老師諮詢委員

主要著作：《教師心理衛生》、《心理衛生與適應》、《婚姻與家庭生活的適應》、《學校輔導與諮商》、《人際關係與溝通》、《婚姻與家庭》等

作者序

　　時代已經跨入二十一世紀，面對今日的 e 化社會，網路活動幾乎已成為每位家人生活中的一部分，這是既定且無法改變的事實。身為家長，應該教導孩子們正確的生活態度，並協助其建立網路生活的倫理、安全等方面的正確觀念，且要養成這方面的良好習慣。

　　多元建構思潮是近二、三十年來，整個人類思想觀點中最巨大的變化。從過去人們習慣於單一標準，面對任何的人、事、物等情況，都會要求有一個共同認定的規則、觀點或作法等保守氛圍；至今，幾乎被完全否認與打破，而成為不同意見觀點同時並陳的「多元體制」。只要不妨礙他人權利，每個人都可擁有其贊同的想法和作法。

　　近些年來，文化歧異、多元性別和公民權利的諸多討論，早已是公共政策之重大議題。尤其是在家庭、婚姻、性別角色和性別平等的實踐上，愈發成為主要的論述焦點。

　　筆者經常在公開演講中戲稱：「你家、我家就是全家，凡是發生在別人家的事情，有一天也可能會發生在我家」，這就是要提醒為人父母者在多元思潮之下，一方面要多關心注意自己的孩子，另一方面也得要做好心理準備，去接受兒女的任何選擇和相關之行為表現。

　　筆者服務學校原有的「家庭教育研究所」幾經調整，已於三年前正式併入筆者服務的「輔導與諮商學系」碩士班成為「家庭教育組」，使筆者除有機會在大學部教授「親職教育」、「人際關係與溝通」外，也得在碩士班開授「家庭溝通與家人關係研究」、「家庭心理學」、「家庭性教育」、「家庭危機與壓力處理研究」等課程。由多年教學的過程經驗中，確實獲得頗為豐富的相關知識與心得，而萌生撰寫本書之動機。

　　本書是從心理與人際互動溝通的角度，來探究父母如何教導子女的一本親職教育之教科書。內容分為基礎理論、實務應用，以及展望運用等三篇，合計有九

章；分別探討親職教育的緒論、親職教育的理論與運用、親職教育的實施內容、親子溝通與民主式的互動、親職教育的實施方法、學校親職教育實施之配合措施、性別與親職教育的實施、親職教育的發展趨勢，以及親職教育相關資源的運用等主題。

　　筆者因才疏學淺，在此書的撰寫過程中不免會有疏漏之處，也盼望各位先進能不吝予以指正。

王以仁

謹識於國立嘉義大學輔導與諮商學系

中華民國一〇三年八月

CONTENTS
目次

基礎理論篇

　　俗云：「天下無不是的父母」及「可憐天下父母心」，這都讓人想到在華人社會中，談到父母與孩子之間的親密關係時，總會認為「血濃於水」、「一脈相傳」，這亦點出了親子關係之主要特性——父母的血脈遺傳。

　　因而，親子之間在相貌、身材、智力、性向、體能及罹患疾病等多方面，在在都可以顯示出他們在生理上的親密關係。當然，親子間這種血緣關係，是永遠無法脫離與改變的，由此關係也替親子之間的相處，紮下深厚的親密基礎。但是從今日各種媒體的報導中，經常看到許多令人觸目驚心的亂倫情事，諸如：棄養孩子、虐待幼童、親子互毆等現象。遇到此種情況時，往往讓人很難想像在有生理遺傳關係貼近的親子互動之間，似乎還抵不上動物世界的「虎毒不食子」及「烏鴉反哺」呢！

　　可見親子之間美好互動的維繫，不能僅是仰賴彼此間先天的血緣遺傳，還需要加上後天親子接觸往來所產生的心理與社會關係。親子間良好的心理關係，包括：相互喜悅、信任、接納、談心與共同分享等，此類正向親密關係的建立，主要是靠著父母能多與孩子接觸、關心與尊重他，並能懂得如何去做有效的親子溝通，以及採用民主式的管教方式等，如此才有助於在家庭凝聚力和家庭彈性方面，能獲得良好的平衡關係，使家庭系統得以健全的運作。

　　隨著社會結構的劇烈轉變，親子之間的關係也跟著產生變化。在過去的農業社會中，親子關係可以傳統社會規範來加以約束，強調道德、孝順、服從、謙虛等特質；而現今的工商資訊社會，特別重視個人才幹、獨特創意、自我實現、自我推銷等。如此一來，親子關係勢必產生相當的衝擊而危機四伏，做父母的人必

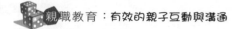

須做出相當程度的調整、學習與付出，才能設法維持親子間美好的互動關係。也因如此之故，親職教育的積極推展在當今社會，實在是一項刻不容緩的事。

　　因此，本書在第一篇的基礎理論中，將針對有關親職教育整體介紹的緒論、親職教育的理論與運用、親職教育的實施內容，以及親子溝通與民主式的互動等四章，分別加以探討之。

Chapter **1**

緒論

學習目標

※ 親職教育的意義為何？

※ 親職教育的具體內容有哪些？

※ 親職教育的重要性為何？

※「家庭」的定義在傳統與現代的觀點上有何差異？

※ 家庭的類型有哪些？

※ 二十一世紀整體社會價值與發展有哪七項特性？

※ 好父親與好母親標準的新舊概念有何不同？

※ 民主開放社會對父母管教子女方面有何衝擊？

※ 家庭常具備哪八項功能？

※ 家庭價值觀是如何形成的？

※ 幸福感的意涵為何？

※ 家庭功能與孩子的幸福感之間有何關聯？

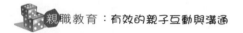

電腦擺客廳，親子快樂上網

日前，兒福聯盟與臺灣微軟舉辦「2010 臺灣兒少網路安全指數大調查」記者會，針對兒童使用網路等相關問題，呼籲家長要跟著學習並與孩子一起上網，以便能守住兒少網路安全的最後防線。

就兒童及少年們而言，家庭教育是他們最早也是接觸最多的學習所在，家庭更應該是守護他們身心安全的的第一防線。當 e 化時代來臨，透過網路的溝通、學習、購物等已是生活基本所需；只要經濟條件許可，每個家庭都會使用電腦及網路。

然而，各種網路訊息往往參差不齊，甚至包括黃色（情色）、藍色（憂鬱）、黑色（暴力）等都充斥其中。兒少的家長們，既不能阻止孩子們上網，又擔心他們自治力差，以致於日久被污染或是一不小心而受騙上當。

其實，有一個簡單的因應方法，就是將電腦與網路放置於客廳，如同電視擺在客廳全家共同觀賞一般，如此則可讓全家人在客廳的敞開空間，一起來使用電腦與上網；在這樣彼此自然互動之下，不僅可使親子之間的關係更為麻吉，也同時兼顧了孩子的網路安全問題。

（本文係筆者在 2010 年 5 月 19 日發表於《中國時報》A10 版「時論廣場」）

上述文章論及，在目前網路暢行的 e 世代，孩子自幼就開始上網，使得兒童使用網路安全等相關問題，引起家長們普遍地關心。就孩子們而言，家庭教育是其紮根的學習，家庭也是守護他們安全的重要防線。在資訊科技時代中，親職教育的內涵與重點已經有頗大之變異，親子之間要如何來有效的互動與溝通，確實是一項艱鉅的任務及沉重的角色負擔。

本書在開始的第一章，即針對親職教育的意涵和重要性來加以探討，並陸續說明家庭的意涵與父母親職角色之變遷，以及家庭功能、價值與孩子的幸福感。

第一節　親職教育的意涵與重要性

　　聯合國將每年的 5 月 15 日定為「國際家庭日」，希望藉著這個節日的慶祝，促使全球各地重視家庭的價值。近半個世紀以來，「家庭」定義的改變速度難以控制。家庭議題過去被認為是不可逾越的「私領域」，但是臺灣在 2003 年 1 月 7 日於立法院決議通過《家庭教育法》之後，具體宣示政府對於家庭教育的重視，並闡明家庭在個人生命不同階段的人、事、物等方面學習之必要性。

　　依據 2013 年 12 月 11 日最新修正公布的《家庭教育法》第 2 條，明確指出家庭教育的範圍，包含：「親職教育、子職教育、性別教育、婚姻教育、失親教育、倫理教育、多元文化教育、家庭資源與管理教育、其他家庭教育事項。」其中，親職教育列為第一項，由此可知其重要性。

壹、親職教育的意義

　　家庭是每個人出生之後最先接觸到的環境，孩子從小經由模仿、認同、同化等方式，在父母的教養下進行學習與發展。因此，家庭不僅會影響個人的人生觀、價值觀及生命觀，更會影響其人格與社會能力的發展，而在家庭中又以父母對兒女的發展最具影響力。因此，父母是否能善盡其親職責任、發揮親職功能，則視其是否具備充分的親職知能而定。父母的角色雖是生下孩子即可具有，但其親職知能卻是必須接受適當的教育與不斷的學習，方能獲得。

　　由前述介紹的《家庭教育法》第 2 條內容及《家庭教育法施行細則》可知，親職教育（parenting education 或稱為 parent education）是指「增進父母職能之教育活動」，也是家庭教育範圍中的一項活動。過去，家庭中所有的教育活動，通常都被稱為家庭教育，但由於家庭型態及教養方式的轉變，親職教育的觀念亦隨之而起；我們可以說，親職教育是由家庭教育轉變而來，也可視為專業與具體發展之下的產物。

　　近半個世紀以來，針對親職教育的範疇與焦點，也有著明顯地變化。在六〇

年代及七〇年代早期，主要是聚焦於會讓孩子行為及發展上產生美好結果的父母行為；而到了七〇年代晚期及八〇年代，又逐漸轉變成重視如何促進父母引發兒童行為的反應；九〇年代以後，更為看重父母與子女之間的交互作用。目前已是一種具備系統性的看法：兩者之間的互動關係會對個人產生影響，同時也會被他們親密關係系統中的其他成員所影響。

　　至今，親職教育仍是以預防性為主，並配合治療、補救、矯正性的部分內容。在過去十年之中，父母、法院、教會及社區，在面對大部分具挑戰性的家庭議題時，已轉向將親職教育視為一項療法。親職教育的方案及設計，在各級學校、社區所提供的服務中，已經是非常普遍的現象。在法庭上，也時常宣判施虐父母必須參加強制性親職教育課程，有一些法庭也會要求離婚的父母參加親職教育課程，期能在離婚後的單親家庭中，對於孩子所產生的壓力及負面影響能降到最低。

　　有關親職教育的意義，國內外專家學者依不同的角度而有看法間的差異，在此將其中共同常見的觀點，統整之後陳述如下（周麗端、何慧敏、魏秀珍、洪敏琬，2013；林家興、曾端真、李淑娟，2008；黃德祥，2006；Stevens, 1989; Walsh, 2011）：

　　1. 親職教育是一種教導為人父母所需的知識與技能之教育，使他們能成功扮演父母的角色，協助子女成長與發展，並善盡為人父母之職責。

　　2. 親職教育是一門教導父母了解與滿足子女身心發展需求，並能協助子女有效成長適應與發展的學問。

　　3. 親職教育是成人教育的一部分，以父母（或未來的父母）為對象，配合社會變遷影響家庭功能的現況下，增進父母管教子女的知能，並以改善親子關係為目標，藉由親職專家所辦理的終身學習活動。

　　綜合上述學者專家的看法，親職教育可以從對象、目標和內容等層面來加以定義。在親職教育的實施對象上，從目前為人父母者到未來的準父母；從親職教育的目標來看，凡使其能成功扮演父母所需的知能，並幫助子女身心健全發展的均是；從親職教育的內容來看，則包括為人父母所需的知能，例如：兒童與青少年發展、家庭關係、親子夫妻溝通技巧等；至於親職教育的實施方式，則是透過學習或教育的模式來進行的活動。另外，有些學者特別將親職教育視為成人教育

的一部分，認為由於社會快速變遷的影響，親職教育必須是終身學習的一項課題。

　　因此，「親職教育」是一門教導父母如何了解與滿足子女身心發展需求，善盡父母的職責，以協助子女有效成長、適應與發展的學問。換言之，親職教育就是針對為人父母、準父母或將來當父母的青少年，提供子女成長、適應與發展有關的知識，增強父母教養子女的技巧與能力，使之成為有效能的父母。

貳、親職教育的內容

　　親職教育是否成功，不但影響著父母與子女間的關係，也影響到學校教育與社會教育之成效。然而，親職教育課程的內容或進行方式，則會影響父母們是否願意參與，以及親職教育辦理的實際成效。

　　關於親職教育的具體內容，經常是人言人殊、頗不一致。在此歸納國內學者專家的主要觀點，加以陳述如下（井敏珠，1995；王淑如，1994；林家興等，2008；黃德祥，2006；劉育仁，1991）。

一、關於父母角色職責與家庭管理的知能

　　1. 正確的家庭婚姻觀。

　　2. 自我情緒的管理與調適。

　　3. 家庭的意義與家人關係。

　　4. 父母職責角色與對子女的影響。

　　5. 良好家庭關係經營的具體作法。

　　6. 營養與健康的相關資訊。

　　7. 家庭中食、衣、住、行的經營與規劃。

　　8. 合理的金錢、時間與精力的運用。

　　9. 各項社會資源的搜尋及使用。

二、有關養育子女的知能

　　1. 兒童生理發展各階段的特質與需求。

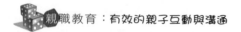

2. 兒童心理、人格與道德發展的特質與需求。

3. 教育子女的方法。

4. 子女在性教育方面的教導。

5. 指導子女結交同性及異性的朋友。

6. 獎懲孩子的適當方式與管教態度。

7. 預防孩子的偏差行為及生活適應問題的介入。

三、針對子女在學校教育中的適應教導

1. 父母在子女學校教育中的權力與義務。

2. 為子女就學做準備並使子女也做好準備。

3. 如何指導子女有效的學習。

4. 親師溝通的管道與互動方法。

5. 與學校之間的相互配合。

6. 學校活動的關心及適度參與。

7. 與子女升學訊息有關的資訊。

參、親職教育的重要性

　　早年，張春興（1986）就曾經提出青少年犯罪常見的三部曲：(1)種因於家庭；(2)顯現於學校；(3)惡化於社會。由此可知，要防範青少年犯罪於未然，加強親職教育是相當重要的一環；同時，家庭也是孩子出生後最先接觸的環境，而家庭中又以父母對孩子的影響最大。因此，積極實施親職教育，實為當前刻不容緩的重要課題。

　　有關親職教育的重要性，在此歸納國內學者專家的看法，敘述如下（周麗端等，2013；林家興等，2008；張淑芬，2002；黃德祥，2006）：

　　1. 孩童在家的時間最為長久，倘若沒有適當的親職教育，則其身心無法健全成長。因為透過親職教育，可使父母以正確的教養方式來養育子女，而將可能發生的社會問題消弭於無形之中。

2. 親職教育可以培養父母懂得有利於人格成長的教養方式，提供父母學習各種正確教養子女的方法，促使父母覺察自己本身的行為對子女之影響，進而預防問題的產生。

3. 家庭對子女在學習中的學業、人格影響頗深，學校教育的成效若是沒有良好家庭教育的配合，將會大打折扣。要使家長能好好的教養子女，就必須辦好親職教育。

4. 目前的世代往往因過度的競爭，使得人心物質化，造成家庭問題日增，家庭結構也產生不利的變化；在此壓力驟增的時代，亦特別彰顯出親職教育的重要性。

5. 親職教育提供父母學習因應社會快速變遷，以及如何有效地調整自我角色的難得機會。

6. 親職教育是導正子女避免偏差行為的良方，唯有親職教育的有效實施，整體的家庭教育才得以發揮，並且結合學校和社會教育，方能帶動整個社會的安定、進步與繁榮。

總之，現今的世代變化劇烈，家庭結構與形式也隨之產生頗大地改變。不過，家庭對個人發展的影響，卻仍然是萬分的重要。上一個世紀是人類發展及變化中最劇烈而快速的百年，社會的主體形式已由農業轉變成工商業，人們由鄉村部落散居的聚集，進入到大都會的人口密集社區，家庭型態也由多代同堂的大家庭轉變成人口簡單的核心家庭。如今已跨入二十一世紀，資訊科學的蓬勃發展與個人自我追求的極端需求，必會導致於本世紀中，在親子及家人關係與溝通方面所產生的相關問題與困境，將會更趨於嚴重。因此，「親職教育」在此氛圍中的重要性，必然是無法輕忽的。

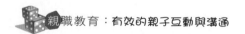

第二節　家庭意涵與父母親職角色的變遷

壹、家庭意涵的變遷

「家庭」（family）可算是一古老的制度，其存在已超過數千年之久，同時，家庭也是孕育及延續社會成員的重要單位（吳就君，2000）。家庭是幼兒最早的生活環境，也是成長的主要場所，家庭經驗如家庭的社經水準、家人關係、父母教養方式、家庭生活氣氛等，都對個人一生的發展有著重大的影響。這些受到原生家庭的影響，將會延續到日後自己所經營的家庭。

但因著社會的迅速變遷，在討論「家庭」的定義時，應可從傳統與現代的觀點，分別加以說明（王以仁，2010；黃迺毓，2004；Goode, 1982; Goodman, 1993）：

1. 傳統的觀點：家庭是由一群人藉著血緣、婚姻或收養（adoption）關係而緊密結合，生活在同一個建築物內，並依照相關角色（例如：夫妻、父母、兒女、手足等）彼此親密互動與溝通，共同創造和維持生活所需與共有的組織次文化或特色。

2. 現代的觀點：對家庭給予較自由、彈性而寬廣的界定，不再拘限於合法的婚姻、血緣或收養關係。除上述傳統觀點外，同時接納非婚姻的異性同居、同性戀的一對、老年人和照顧者一起生活，或殘障人士彼此照顧共同生活者，均可視為一個家庭。也就是強調家庭成員間共同生活、有相互依存的經濟關係、彼此承諾長期相互照顧者，即可被視為一個家庭。

貳、多樣的家庭類型

因著社會的快速變遷，家庭的類型也產生了相當大的變化。在此謹列舉目前常被認知到的家庭類型，扼要說明如下（王以仁，2010；黃明堅譯，1981；Arcus,

1992）：

1. 傳統家庭（traditional family）：指的是三代同堂的傳統式家庭。一般在臺灣的鄉村，尤其是家中長子結婚以後仍然與父母同住，有了孩子之後，就成了典型的三代同堂。

2. 隔代家庭（grandparent family）：許多夫妻在大都市討生活，因二人均有工作無暇照顧年幼的子女，而將孩子送回老家交由祖父母或外祖父母來教養，就形成了隔代家庭；當然也有一些是因夫妻關係產生變化而分離，負責養育孩子的單親無力單獨撫養，而交由祖父母（或外祖父母）來撫養。

3. 核心家庭（nuclear family）：指的是目前最普遍的一種小家庭，係由父母及一、二位孩子共同生活在一起，所組成的家庭類型。

4. 雙生涯家庭（dual-earner family）：所強調的是家中夫妻二人都在上班，各有自己的工作，通常也被稱之為「雙薪家庭」。

5. 單親家庭（single-parent family）：指的是夫妻有一方死亡或是雙方已離異，僅由其中的一方帶著兒女單獨生活的情形。

6. 重組家庭（blended family）：指的是兩位各自過去都離過婚（或喪偶）的男女，彼此結婚組成一個新家庭的情形，家庭成員往往也會包括夫妻各自與前配偶過去所生的小孩。

7. 自願不生育孩子家庭（voluntarily childless family）：夫妻二人單獨生活在一起，在他們婚前或結婚時就已商量好，結婚之後不要生孩子也不要養孩子（而非想生卻無法懷孕的情形）。

8. 同性戀家庭（homosexual family）：由二位相同性別者因相愛而生活在一起並組織成一個家庭。在西方社會這種情形不少，在臺灣也由同志戀人在大力鼓吹，例如：近年提出的「多元成家方案」，即為要求政府修改相關法律，以便能允許同志戀人可組成合法家庭，甚至得以收養兒女。

9. 單身者家庭（single individuals family）：指的是有薪資的成年人，自己一個人單獨住屋居住；或由幾位單身者一同居住生活（並非同居的男女關係），故被稱為單身者家庭。

參、家庭生命週期

雖然家庭生活是一種持續的互動歷程，且屬於非線性之關係，然而在時間上確實存有先後次序的線狀關係（Goldenberg & Goldenberg, 2012）。Carter 與 McGoldrick（1988）從多世代的觀點指出，家庭會隨著「家庭生命週期」（family life cycle）之階段向前進行，世代在每個家庭成員身上會產生持久而交互的生活衝擊；在家庭發展歷程中，各世代間的互動會同時發生，當其中一代步入老年時，而另一代卻在因應孩子們離家的問題。

也有部分學者將家庭整個發展改變過程的「家庭生命週期」，稱之為「家庭生命生涯」（family life career），然其實際意義與內涵卻相同，所以也有人將此二者相互混用。

在介紹家庭生命週期時必須了解，多數家庭都會經歷特定而可預知的標記事件或階段（family stage marker），例如：戀愛、結婚、第一個孩子出生、孩子上學讀書等；每個階段都由一項特殊的生活事件所促發，並各有其應處理的發展任務（developmental task），而這些都得隨之進行新的調適與改變。在此僅提出較常被引用的觀點，來探討有關家庭生命週期（生涯）的時期與階段分類，分別扼要摘述如下（王以仁，2000，2001，2010；Duvall, 1977; Goldenberg & Goldenberg, 2012; Zilbach, 1989）：

1. 第一階段：新婚夫妻（married couple）

   主要的家庭任務：夫妻間彼此的相互承諾。

2. 第二階段：養育孩子的家庭（childbearing family）

   主要的家庭任務：學習發展扮演好父母親的角色。

3. 第三階段：學齡前孩子的家庭（preschool children family）

   主要的家庭任務：學習接納孩子的人格特質。

4. 第四階段：學齡孩子的家庭（school children family）

   主要的家庭任務：介紹孩子進入有關的機構，例如：學校、教會、運動社團等。

5. 第五階段：青少年的家庭（teenagers）

　　主要的家庭任務：學習接納青春期的孩子，包含其個人在社會與性別角色方面的改變。

6. 第六階段：孩子均已成年且離家的家庭（launching children）

　　主要的家庭任務：經歷屬於青春後期孩子的離家獨立。

7. 第七階段：中年父母的家庭（middle-aged parents）

　　主要的家庭任務：接納孩子已變成獨立成人的角色。

8. 第八階段：老年的家庭（aging family members）

　　主要的家庭任務：老夫老妻彼此珍惜，坦然面對晚年生活。

肆、認清時代潮流的變遷脈動

　　針對二十一世紀的發展，有非常巨大的改變趨勢，包括：即時通訊的資訊時代、經濟無國界的世界、邁向全球單一經濟體、新的服務型社會、從大到小的組織型態、新休閒時代的來臨、工作型態的改變、女性領導、大腦的時代、文化民族主義、低下階層人數的增加、人口的老化、自己動手做的 DIY 浪潮、合作型式的企業、個人時代的勝利等。

　　面對二十一世紀整體社會價值與發展的特性，筆者將其歸納整理成以下七項，分別扼要說明如下：

　　1. 多變與多樣性：極度自由開放的社會，多元及多樣性的呈現與選擇，往往使人眼花撩亂、不知所措。

　　2. 資訊透明性：透過電子媒體、網路連線，以及各種資訊傳遞途徑，將能快速而完全的被接收及使用。

　　3. 通訊快速性：電話、手機、電子郵件、臉書、快遞及傳真等，使得人與人之間的通訊十分明確而快速。

　　4. 性別的開放性：性觀念、性態度、性行為的開放，儼然成為目前不同性傾向者相處，與夫妻家庭生活中最大的衝突點。

　　5. 地球村的國際性：通訊與交通的發達造就了地球村，國際共通外語的熟諳，

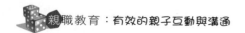

跨越國界的互動,都是生活中必備的要件。

6. 價值的相對性:是非、好壞、對錯,都將不再是絕對和單一的選項,要學習尊重他人不同的觀點,並學習從多元的角度去思考。

7. 休閒娛樂調適性:緊張、忙碌、壓力,將對個人的身心健康造成嚴重的威脅,家庭生活中的娛樂與休閒活動,更應做適當的安排與調整。

伍、傳統父母親角色的改變

在臺灣過去的傳統上,父親所扮演的角色偏向於維持家計、聯繫家庭與外界大社會的工具性角色,而母親則傾向於處理家中事務及教養子女的情感性角色之扮演,此亦即「父養家,母持家」的刻版角色形象。二十世紀的後半期,由於臺灣經濟蓬勃發展帶動了社會的轉型,促使大量婦女在經濟因素與自身條件的考量下,走出家庭進入就業市場,使得有偶婦女撫育子女之勞動參與率,有逐年增加的趨勢。

這亦顯示婦女大量就業所帶來的影響,已使得現代的母親角色,由過去單一的家庭角色,擴展為雙重的家庭及職業角色;同時,也帶動了現代父親在家庭角色上的轉變,由過去工作賺錢養家的單一角色,逐漸投入家事育兒的角色中。

由此可見,現代社會上父母角色的區分,不再過分強調以性別為分配指標;母親也被期待擔負外出賺錢的職業角色,而父親在家庭角色上,亦被期待從過去的「配角」轉為密切積極參與的角色。因而呈現出現代的父母親,被期待為彼此合作、共同分擔家庭與職業雙重角色的社會趨勢(王以仁,1998;洪慧芬,1996)。

基於上述時代社會的變遷,家庭中父母親的角色與標準也隨之產生了頗大的變化。筆者參酌黃迺毓(2004)之觀點,將所謂好父親與好母親標準的舊觀念和新改變,分別整理說明於後。

一、好父親的標準

1. 傳統的舊概念:包括為子女訂定目標、替子女做事或給予東西、知道什麼

對子女是好的、希望子女服從、堅強，並認為自己永遠是對的、有責任感等。

2. 發展的新概念：包括重視子女的自主行為、試著去了解子女和自己、承認自己和子女的個別性、提高子女成熟的行為、樂意做為父親等。

二、好母親的標準

1. 傳統的舊概念：包括會做家事（煮飯、洗衣、清掃等）、滿足子女的生理需要（吃、喝、穿等）、訓練子女日常生活習慣、德行的教育、管教子女等。

2. 發展的新概念：包括訓練子女自立自主、滿足子女情感的需求、鼓勵子女的社會發展、促進子女的智力發展、提供較豐富的環境、照顧個別發展的需要、以理解的態度管教子女等。

在此多元社會型態下，父母親二人就其個人意願與選擇自由，以彈性和協商的方式來做角色分工。因此，各種父母角色分工的情形，都會同時並存於現代社會之中；同時，父母在親職教育進行中之角色扮演，也必須共同承擔起某些責任。

陸、民主開放社會對父母管教子女的衝擊

今日的社會已從傳統權威的生活型態，轉變成自由民主的型態；這種轉變不僅發生在政治、經濟等大環境中，亦發生在家庭、親子互動的小環境裡。過去強調長幼有序、尊卑有別的威權式人際關係，已轉變為彼此尊重、各自平等的民主式人際關係。也因為如此，今日的孩子已不再願意接受昔日順從的角色，在其生長的環境中，所見所聞都是講求平等，例如：男女之間爭取平等、族群之間爭取平等、黨派之間爭取平等，以及媒體報導上的抗爭事件等。凡此種種，均說明現代的孩子們呼吸著民主氣息，學習著民主的風範。

尤其現代資訊如此的發達，孩童透過漫畫、雜誌、電視、CD、DVD 及電腦網路系統等方式，很容易獲得各式各樣的不同訊息，幾乎無法運用過去傳統上以圍堵、禁絕方式來達到徹底封殺的成效。因此，為人父母者也應擴展自己的生活觸角，多去了解孩童經常在看些什麼、談些什麼或做（玩）些什麼才是。

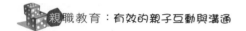

令人遺憾的是，一般父母對孩童期子女的管教方式，均採用較多的控制與要求。不少的父母對孩子仍然使用懲罰、訓誡、威脅等傳統管教方式，卻不知這些方式在講求平等的今天已逐漸失效。另外有一部分父母，雖被迫了解到權威方式在管教子女上不再有效，然而在管教子女方面應如何正確有效的進行，卻依然感到不知所措；有時是不知孩子有什麼問題，有時是管教的寬嚴不一、前後矛盾，造成了對子女管教上的頗大衝突。

既知父母管教態度及方法對子女的影響如此重大，大多數的父母是否都已具備良好的相關能力呢？答案往往是否定的。從輔導機構、少年法庭眾多的個案中發現，許多現代父母對教育子女的方法感到困惑，有的甚至已有明顯的偏差；所以，透過各種教育方式，協助人們去善盡父母職責的親職教育，便應運而生。

第三節　家庭功能、價值與孩子的幸福感

壹、家庭的功能

　　家庭的主要功能在於滿足成員的各種需求，並給予孩子適當的社會化教導；而家庭功能常會隨著社會的變遷或其類型的不同，所產生的功效也會有所改變。但就一般觀點而言，家庭常具備以下八項功能（王以仁，2010；黃暉明，1994；Zimmerman, 1988）：

　　1. 合法的性關係（legitimizing sexual relations）：兩性之間透過婚姻所形成的家庭，最顯著的一點就是公開而合法的性關係，以及隨著而可能發生的懷孕、生子，並因而產生的合法繼承權等。

　　2. 經濟的合作（economic cooperation）：家庭成員不論是夫妻或親子，都生活在同一個屋簷下，成為一個實質的經濟生命共同體。任何一位成員出了問題需要額外的經費支出時，都將會影響到其他家人的經濟生活面。

　　3. 兒童社會化（socialization of children for future adult behavior）：孩童通常都生長於家庭中，「家」必然會成為他們最早學習如何與人相處以及接受社會化學習的場所。

　　4. 宗教的教導（religious teaching）：在西方社會，一般家庭到了星期日早上都會全家上教堂作禮拜，孩子從小在家中受父母影響，自然會有宗教方面的教導。在臺灣的家庭，雖然沒有如此鮮明的宗教色彩，但跟著家中大人於初一、十五（或初二、十六）的拜拜，或是參加神明繞境等活動，同樣也是宗教性質的教導。

　　5. 情緒的供養（emotional nurturance）：兒童幼小時期，在情感上對父母或其他照顧他的家人，都有相當程度的依賴。因幼兒絕大多數的時間都是在家中，故家庭也扮演其情緒供養上的主要角色。

　　6. 教育性（education）：家庭教育是個人一生當中最早接受的教育，不管父母是否安排了一系列有意義的學習活動，孩子因自幼在家庭中成長，天天接觸、

耳濡目染，必能發揮某種程度的教育功能。

7. 娛樂性（recreation）：家庭中的家人一同生活、彼此互動，許多的趣事與遊樂也同時發生。週休二日實施以後，在全家人一起出動遊山玩水、露營烤肉等活動中，將可充分展現其娛樂性。

8. 保護性（protection）：孩子幼小時非常的孱弱，無法自我保護，故幼兒在家中成長的同時，也接受了家庭的保護。

貳、家庭的價值

周麗端（1996）認為，家庭價值觀可定義為引導個人經營家庭生活的一套有組織之理念。一個人會有其特定的價值觀念，一個文化也有其基本的價值取向，而個體的價值觀往往會取決於其所處社群文化的集體取向（黃正鵠、黃有志，2004）。

家庭是人類發展互動關係的第一個小型社會，人生的早期在與父母之互動過程中，承受來自父母的教導，並透過依附關係的內在運作、社會學習的模仿與客體形象的建立，而藉此傳遞著有形和無形的價值觀（蔡秋雄，2002）。家庭是個體基於相同的血緣、婚姻或收養等關係，所組成的一種重要且具有持久性的社會團體；家庭也是孕育及延續社會成員的重要單位（吳就君，2000）。

有些研究者指出，在家庭中子女會觀察學習父母的思考與行為，並透過父母的教養，內化吸收父母的價值觀，進而發展出自我價值觀。每個人都是家庭價值觀的呈現者，來自原生家庭的文化傳統對其價值有相當的影響（Chang & Chang, 2004）。同時，價值觀也反映在家庭生活中，塑造了人們對家庭議題的界定，而家庭生活內容則是個人或社會價值的投射（林淑玲，2006）。

傳統家庭價值的延續要透過家庭中父母的身教與言教，以及學校重視傳統價值的教育。在傳統華人社會中，家庭是個人成長與學習社會關係的起點，而個人的家庭價值觀則會影響日後與其他社群之間的關係（王叢桂，1999；林月盛，2004）。

同時，家庭價值之內涵也是不斷更新與進步，二十一世紀的家庭將依據新的

價值取向重新定位，必須設計新途徑使得工作與專業生活，能更為符應家庭所需，包括：(1)更有彈性的工作時間；(2)父母兼職工作的可能性；(3)工作時數適合於家庭生活週期；(4)工作職場附設幼兒園或幼兒園在公司附近；(5)家庭服務系統與家庭諮商機構；(6)網路線上工作；(7)提供協助全職照顧子女者重回工作崗位所需的就業訓練（王以仁，2010）。

參、幸福感的意涵及其現況調查

一、幸福感的意涵

幸福感（well-being）是評估心理健康的重要指標之一。通常，幸福是由內在的情感所表達、反映出來的表現，幸福就是對生活的滿意，而且擁有較多的積極情感，以及較少的消極情感，更是一種自我潛能的實現。孩子的生活環境較為單純，通常以家庭與學校為其主要的生活中心，除了受到外在環境、事件等因素的影響外，其內在心理層面的情感與滿足程度，更會影響未來發展的可能。

二、孩子幸福感的調查

兒童福利聯盟曾在 2013 年調查國內兒童的幸福感現況，該調查以國小四、五、六年級的學童為研究對象，並將兒童的幸福區分為三大部分，分別為「家庭幸福感」、「個人幸福感」及「學校幸福感」，來進行抽樣調查。研究結果指出，不論是在家庭、個人或學校幸福感方面，女童的幸福分數皆顯著地高於男童，這可能是因為女生與同儕、家庭的關係較為緊密，也較願意訴說自己的心事、煩惱，故導致其幸福感較高。

同時，在學童的三類幸福中，以學校的幸福分數最高（達 94 分），其次是家庭幸福（85 分），而個人幸福分數略低於家庭幸福分數，排名第三（84 分）。為何家庭與個人的幸福分數會低於學校幸福分數呢？筆者將其研究結果歸納後發現：家庭幸福感低的孩子，以「缺乏家人照料」與「難以向父母傾吐煩惱」居多，其中有近四成的孩子甚至覺得把煩惱告訴父親頗不容易。

　　稍加推論即可得知，在參與子女教養的程度方面來說，父親確實較偏向以陪伴孩子玩樂為主，較少有生活方面的照顧；因此比起母親，更常出現在某些重要場合，就會有「父親缺席」的現象。「父親在外賺錢養家，母親在家照顧子女」，是我國一向以來傳統家庭的分工原則；然而，隨著社會文化的變遷，傳統思維已經逐漸地革新，父親參與孩子的生活比例正逐漸攀升中，孩子與父親之間的關係也正微妙的拉近。同時，家庭中的個人角色與其相關功能，也應與時俱進地加以調整。

　　之後，兒童福利聯盟在 2014 年又進一步以國小四、五、六年級的學童為對象，針對「家庭幸福感」進行調查，並將其分成三個面向，分別為「家庭氣氛」、「親子互動」及「個人感受」。 在這三大項目中，以孩子的個人感受分數最高（85 分），家庭氣氛居中（79 分），親子互動的分數則表現最差（76 分）。其中，個人感受度與 2013 年個人幸福感相比雖有提升，但卻發現憂鬱的孩子所占的比例仍超過一成；生活中的負向情緒，似乎也會影響學童的個人幸福感程度。而分數最低的親子互動中，有四成五的孩子表示家人不太會在一起討論事情，也有近半數的孩子認為家人不常在一起聊天，這樣的結果也許是社會變遷下的雙薪家庭增加，父母因忙於工作而無法全心陪伴、照料孩子，也因為親職參與的減少，減少了與子女間的互動時間，更降低了彼此間的情感互動。兒童福利聯盟的調查也同時指出，經常帶著孩子一起做家事的家庭，其家庭幸福感會較高。

肆、家庭功能與孩子的幸福感

　　李素菁（2002）在針對青少年的調查研究中發現，家庭社經地位愈高、家庭功能愈佳與父母婚姻狀況愈良好的青少年，其幸福感程度會較高。

　　不少相關的研究也發現（邱富琇，2004；陳香利，2006；黃資惠，2002），分別以國小與國中學童為對象之調查，同樣指出與父母同住的雙親家庭型態之學生，其整體幸福感相較於來自僅與父母一方同住之單親家庭者為高。而吳月霞（2005）的研究指出，由於家庭離異的單親家長因忙於生計，所以疏於和孩子互動交流、缺乏親密感，容易形成親子疏離，才會間接影響到孩子的幸福感受。

　　多數文獻皆指出，高社經地位家庭之兒童在幸福感的感受，往往高於中、低社經地位者（邱富琇，2004；吳筱婷，2006；林寶齡，2012；陳麗好，2011；黃瀗瑱，2006；楊杰青，2013），這可能是低社經地位家庭因其家庭功能較不完善，使子女易受到忽視，進而影響其幸福感受的程度。如果父親扮演主動參與的角色時，對孩子的成長會有較為正面的影響，而這些孩子普遍也較為聰明，不僅心理健康狀況佳，在學校也較能得到好的表現，未來的就業情況也較為順遂；反之，研究發現在父親缺席之下，將會影響兒女的幸福感。所以父母的參與和情感的投入，對於子女來說是相當重要的。

　　父親參與在養育子女上扮演一個重要的角色，父親的投入使得家庭關係更為和諧，也因為父親的投入將會使得母親的責任減輕一些；母親會因為親職壓力減輕而改善夫妻關係，家庭氣氛也會更為融洽，夫妻關係的好壞也會影響父母對子女的態度（王珮玲，1993；黃慧森，2001）。

　　由以上的諸多分析可以發現，當家庭社經地位愈高、夫妻關係愈為和諧，以及屬於雙親共同生活的完整結構家庭，則不但能使其家庭功能發揮的更為完善，同時也必然會大大地提升孩子在其幸福感方面的感受程度。

本章摘要

由《家庭教育法》第 2 條可知，親職教育是家庭教育範圍中的一項活動。過去，家庭中所有的教育活動通常都被稱為家庭教育，但由於家庭型態及教養方式的轉變，親職教育的觀念亦隨之而起；我們可以說親職教育是由家庭教育轉變而來，也可視為專業與具體發展下的產物。近半個世紀以來，針對親職教育的範疇與焦點，也有著明顯地變化。目前已對親職教育採取一種系統性的看法：重視親子兩者之間的互動關係與對個人的影響，同時也會被他們親密關係系統中的其他成員所影響。

至今，親職教育仍是採取以預防性為主，並配合治療、補救、矯正性的部分內容。在過去十年之中，父母、法院、教會及社區，在面對家庭大部分具挑戰性的議題時，已轉向將親職教育視為一項療法。親職教育的方案及設計，在各級學校、社區所提供的服務中，已經是非常普遍的現象。

關於親職教育的具體內容，包括：(1)關於父母角色職責與家庭管理的知能（例如：正確的家庭婚姻觀、自我情緒的管理與調適等）；(2)有關養育子女的知能（例如：兒童生理發展各階段的特質與需求、教育子女的方法等）；(3)針對子女在學校教育中的適應教導（例如：父母在子女學校教育中的權力與義務、為子女就學做準備並使子女也做好準備等）。

因著現代社會的迅速變遷，在討論「家庭」的定義時，應可從傳統與現代的觀點，分別加以說明：(1)傳統的觀點：家庭是由一群人藉著血緣、婚姻或收養關係而緊密結合，生活在同一個建築物內，並依照相關角色彼此親密互動與溝通，共同創造和維持生活所需與共有的組織次文化或特色；(2)現代的觀點：對家庭給予較自由、彈性而寬廣的界定，不再拘限於合法的婚姻、血緣或收養關係。目前常被認知到的家庭類型，包括：(1)傳統家庭；(2)隔代家庭；(3)核心家庭；(4)雙生涯家庭；(5)單親家庭；(6)重組家庭；(7)自願不生育孩子家庭；(8)同性戀家庭；(9)單身者家庭。

面對二十一世紀整體社會價值與發展之特性，將其歸納整理成七項：(1)多變

與多樣性；(2)資訊透明性；(3)通訊快速性；(4)性別的開放性；(5)地球村的國際性；(6)價值的相對性；(7)休閒娛樂調適性。

在臺灣過去的傳統上，父親所扮演的角色偏向於維持家計、聯繫家庭與外界大社會的工具性角色，而母親則傾向於處理家中事務及教養子女的情感性角色之扮演。然而，在此多元社會型態下，父母親二人就其個人意願與選擇自由，以彈性和協商的方式來做角色分工，使得各種父母角色分工的情形都會同時存在於現代社會。

今日的社會已從傳統權威的生活型態，轉變成自由民主的型態；這種轉變不僅發生在政治、經濟等大環境中，亦發生在家庭、親子互動的小環境裡。尤其現代資訊如此的發達，孩童透過漫畫、雜誌、電視、CD、DVD 及電腦網路系統等方式，很容易獲得各式各樣的不同訊息，幾乎無法運用過去傳統上的圍堵、禁絕方式來達到徹底封殺的成效。

家庭的主要功能在於滿足成員的各種需求，並給予孩子適當的社會化教導；而家庭功能常會隨著社會的變遷或其類型的不同，所產生的功效也會有所改變。一般觀點而言，家庭常具備以下八項功能：(1)合法的性關係；(2)經濟的合作；(3)兒童社會化；(4)宗教的教導；(5)情緒的供養；(6)教育性；(7)娛樂性；(8)保護性。

家庭價值之內涵也是不斷更新與進步，二十一世紀的家庭將依據新的價值取向重新定位，必須設計新途徑使得工作與專業生活，能更為符應家庭所需，包括：(1)更有彈性的工作時間；(2)父母兼職工作的可能性；(3)工作時數適合於家庭生活週期；(4)工作職場附設幼兒園或幼兒園在公司附近；(5)家庭服務系統與家庭諮商機構；(6)網路線上工作；(7)提供協助全職照顧子女者重回工作崗位所需的就業訓練。

幸福感是評估心理健康的重要指標之一。幸福感源自於自身的愉快經歷，而更深層的心理幸福感則是產生於超越自我滿足，而努力達到有意義之目的。許多研究指出，家庭功能愈佳的學生其幸福感愈強。高社經地位家庭之兒童在幸福感的感受，往往高於中、低社經地位者。同時，父親參與在養育子女上扮演一個重要的角色，父親的投入使得家庭關係更為和諧，也因為父親的投入將會使得母親的責任減輕一些；母親會因為親職壓力減輕而改善夫妻關係，家庭氣氛也會更為

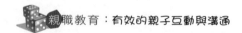

融洽，夫妻關係的好壞也會影響父母對子女的態度。

　　當家庭社經地位愈高、夫妻關係愈為和諧，以及屬於雙親共同生活的完整結構家庭，則不但能使其家庭功能發揮的更為完善，同時也必然會大大地提升孩子在其幸福感方面的程度。

班級／小團體活動

活動名稱：個人擬物化

一、目的

　　1. 使團體中的成員之間，能有較深入地認識。

　　2. 促進成員間的彼此互動與交流。

二、一般說明

　　1. 團體人數：8～10 人分為一小組。

　　2. 時間：30～40 分鐘。

　　3. 場地與教材：上課教室分小組進行。紙、筆、桌子、椅子。

三、實施程序

　　1. 小組成員先圍成一個圓圈，然後輪流說他自己像什麼，講話的方式就如：「我覺得自己像……」，並進一步加以解釋說明之。

　　2. 自我比喻可用動物、植物、無生物等來表示，亦可限定只能用動物等方式來進行。

　　3. 在個人自我比喻說明之後，小組的其他成員可立即給予相關之回饋。

問題與討論

1. 何謂「親職教育」？其所包括的具體內容為何？請你以自己的觀點，來分別加以扼要論述之。

2. 目前常被提到的家庭類型有哪些？並請個別簡要地加以舉例說明之。

3. 基於現代社會的快速變遷，家庭中所謂好父親與好母親的標準，有何重大之改變，試以你個人之觀察和體會來加以論述之。

4. 家庭常具備的功能有哪八項？請一一加以條列並舉實例說明之。

5. 何謂「幸福感」？家庭功能與孩童的幸福感之間又有何關聯？請深入加以論述之。

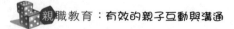

Chapter **2**

親職教育的理論與運用

學習目標

※心理分析取向學派對人性的觀點為何？

※心理分析取向如何解釋人格的結構與其發展階段？

※心理分析取向學派在親職教育上的運用有哪些？

※行為學派對人性的觀點為何？

※行為學派在解釋學習上有哪四大理論？

※行為學派在親職教育上的運用有哪些？

※人本學派對人性的觀點為何？

※人本學派如何解釋自我人格理論？

※人本學派在親職教育上的運用有哪些？

※系統取向學派對人性的觀點為何？

※系統取向學派如何解釋婚姻與家庭？

※系統取向學派在親職教育上的運用有哪些？

愛上網，下不來，恍神少年仔

近十年來，個人電腦與網路之使用，迅速地深入到個人的生活、學習、休閒與人際溝通等範疇。尤其是網路聊天、交友及遊戲，完全改變了個人生活。當大學的學務長們聚在一起開會時，經常討論卻無法解決的一大難題，就是學校宿舍中學術網路在半夜是否應關閉的問題。原本教育部補助各大學設立的學術網路，其原意係協助學校便於師生蒐集資料進行學術研究之用，哪知道目前運用最多的是宿舍同學以此網路的方便性，長時間泡在網上打BBS、聊天室、網路交友及遊戲中；經常是打到半夜一、二點還不睡覺，到了第二天早上當然是無法起床上課，若碰到會點名的老師就乾脆撐到課堂上去打瞌睡。何以學校不下令電算中心每天晚上十二點或一點關閉學術網路呢？想當然的是擔心學生大反彈，或是會搬離宿舍到校外賃居！

還好，絕大多數的大學生在經歷過國高中六年以上的磨練，也清楚自己讀大學的方向和目標，雖然愛上網路，倒也不至於不顧一切完全脫離現實生活的責任，碰到要交報告或期中末考試等重要時段，還能脫離網路虛擬世界去盡點大學生的本分！然而對於十多歲的青少年，一旦墜入網路世界，往往會成癮而無法自拔！

在電視廣播與報章等媒體報導中，經常會有青少年逃學、逃家而日夜沉迷於網咖的新聞。根據官方的數字統計，以九年義務教育的角度來計算，2002年一年的中輟生人數超過六千人，其中國小學生占二成，國中生占八成；而2001年的中輟學生於去年返校就讀者的比率，全國的平均也只有五、六成而已！若能仔細去分析這些個案，應該至少有半數以上會跟沉迷於網路或網咖有密不可分的關聯。

筆者曾經有協助一位沉迷於賭博性電玩的五年級男童之經驗，他的父母用盡了各種方法軟硬兼施卻不見任何成效，最後只得求助於一個宗教性的戒毒機構。剛開始他們也不願接受這種個案，因其服務目標是協助戒除毒癮而非這種打電玩上癮，然經其父母一再懇求並陳述同是上癮行為所造成的傷害，才被收留在北部一個山丘上的戒毒中心，其方圓數公里之內沒有任何賭博性

電玩或網咖店。男童早上幫忙養雞的勞動教育，中餐和午休之後就是運動時間，晚上則是靈修與學習時段；經過一年之後，男孩回到家中並接續六年級的課程，目前已就讀高職。

筆者覺得在日常生活中，人的「慣性」與「惰性」對其人生有著極大之影響，從而產生「良性循環」與「惡性循環」二種截然不同的生活！今日，部分青少年的「網路成癮問題」就是落入「惡性循環」之中，愈沉愈深而到了完全脫離正常青少年的生活情況。

欣見日昨新聞報導，新竹地區有位母親對其經常日夜沉迷於網咖的兒子束手無策之際，要求少年警察以《少年事件處理法》中符合「虞犯少年」之條件移送少年法庭，同時在開庭審理時，母親痛陳孩子迷戀網咖無法自拔的迷失，要求將其收押管束而獲得法官同意的裁決。筆者認為這就是一種有效中斷「慣性」與「惰性」所造成「惡性循環」的方法！

其實，網路成癮問題不是青少年階段的專利，在各個年齡層中都有，只是對青少年的影響最直接而嚴重。如何協助這些青少年與其家長，使其能從這種不良循環的慣性生活中脫離，就是政府與社會各界必須慎重而積極加以共同面對者。

（本文係筆者在 2003 年 10 月 13 日發表於《聯合報》第 15 版「民意論壇」）

上述文章論及，在目前網路暢行的世代中，青少年沉迷於網咖所造成的種種問題，實在讓父母與老師頭疼，不知要如何才能輔導他們從這種不良循環的惡習生活中脫離。本章將分別介紹心理分析取向、行為取向、人本取向，以及系統取向等四大派別的理論，並進而論及如何將其有效運用於親職教育之中。

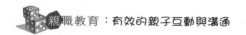

第一節 心理分析取向

本章前三節將分別介紹心理分析、行為學派與人文主義，此三者合稱為心理學的三大勢力。其分別盛行於二十世紀的前、中、後三個時期，直至今日仍各有其頗大之影響力。

心理分析取向學派也常被稱為「精神分析學派」，其基本上是以心理動力的觀點去探討人的問題，強調生物決定論的觀點，並且重視個人早年生活經驗的影響，尤其重視潛意識歷程在問題形成與診療上的作用。

心理分析學派的鼻祖 Sigmund Freud（1856-1939）出生於奧地利，其開始執業時即利用催眠法治療歇斯底里的病人。1902 年組織家庭式精神分析群體；1908 年組織維也納精神分析學會，並應邀至美國講演，其理論乃流傳至美國。

以下將綜合相關資料，針對心理分析取向學派對人性的觀點、心理分析取向學派解釋人格的觀點、心理分析取向學派在輔導諮商的主要作為，以及心理分析取向學派在親職教育上的運用（宋湘玲、林幸台、鄭熙彥、謝麗紅，2004；魏麗敏、黃德祥，1995；Corey, 2012），分別扼要說明如後。

壹、心理分析取向學派對人性的觀點

精神分析理論有八項哲學基礎與基本假定：

1. 採取決定論的哲學觀。

2. 認為人是心理與生理的綜合體。

3. 治療者「客觀的觀點」是治療關係的要件，但卻可能對當事人造成威脅，或將其問題過度象徵化。

4. 早年的生活方式和經驗會以不同的方式再現。

5. 人受制於外在因素

6. 透過宣洩和邏輯處理歷程，治療者可幫助當事人忽視人的情感與潛意識歷程。

7. 人性是動態的。

8. 人格的發展基礎在於性心理的發展。

精神分析學派也建構了人的潛意識觀念，認為一個人的思想、感情和行為皆受潛意識所強烈影響。Freud認為，潛意識是心靈的真正實體，也是人格活動的中心，人的心靈包含意識、前意識、潛意識等三個部分。

從上述對人的觀點可以明顯看出，精神分析學派的人性論屬於悲觀的命定論（determinism），其認為人無法主宰自己的命運，個人行為受童年經驗的影響至深；而非理性衝動、潛意識動機，以及生物與本能驅力，均使個體無法脫離這些無形的束縛。

貳、心理分析取向學派解釋人格的觀點

精神分析學派的創見之一，乃是對人格的結構與人格的發展有一套獨特的看法。Freud 認為，人格結構包括：(1)本我（依循快樂原則）；(2)自我（依循現實原則）；(3)超我（依循道德原則）等三部分所構成。

精神分析學派同時提出人格的發展，可分為以下五個階段：(1)口腔期（0～1歲）；(2)肛門期（2～3 歲）；(3)性器期（4～5 歲）；(4)潛伏期（6～11 歲）；(5)兩性期（12 歲以後）。

Freud另外指出，人格中的自我具有一種自我防衛機轉。自我防衛機轉是經由情境的適應，或把事件扭曲與否定來保護自己。常見的自我防衛機轉有以下九項：(1)壓抑；(2)投射；(3)反向作用；(4)替代；(5)昇華；(6)退化；(7)合理化；(8)否定；(9)認同。

參、心理分析取向學派在輔導諮商的主要作為

精神分析學派的主要治療目標有二項：(1)使個體的潛意識題材能意識化，以便當事人能洞察、統整，以及心理重組，並能免於焦慮；(2)協助當事人解決內在心理的衝突。同時也激勵當事人將失去聯絡的心理題材統整，以產生根本的改變，

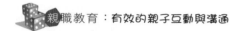

重新建構新的人格結構。

　　精神分析典型的情境是當事人躺在長椅上，自由表達自己所想的。精神分析治療主要有四個階段：(1)開放階段；(2)發展移情階段；(3)處理移情階段；(4)移情解決階段。

　　精神分析治療認為，唯有當事人擴展對自己內在原始力量的掌握力，並增加自主性之後，精神分析治療才能視為成功。對於治療成功及進步與否，提供了六項判斷標準：(1)當事人能擴大潛意識的意識化；(2)當事人能自我引導至現實之中；(3)當事人放棄幼稚的要求而擁有較理性的行為；(4)當事人能將病態的衝突轉為正常的衝突；(5)當事人能增加功能的自主性；(6)當事人能增加參與工作的能力。

　　傳統精神分析學者所用之技術和策略有以下五種：(1)自由聯想；(2)解釋；(3)夢的解析；(4)抗拒的處理；(5)移情與反移情。而現代精神分析學者使用的技術與策略則有：(1)成熟處遇法；(2)書寫式的自由聯想；(3)反應潛意識中自我負向部分；(4)支持性處遇；(5)大量時間治療；(6)短期治療。

　　精神分析理論在心理學、心理諮商治療、精神醫學，甚至於文學、藝術上的影響極為深遠。不過，精神分析法也因人格觀點難以驗證、過度相信潛意識與夢的分析、治療過程耗時費力等缺陷，而難免亦有其限制。

肆、心理分析取向學派在親職教育上的運用

　　有鑑於心理分析取向的觀點，過於重視個人的童年與潛意識的影響，而使人難免陷於悲觀命定的宿命論限制。不過，精神分析學派曾經為心理學的第一大勢力，將此學派的觀點和技術運用在親職教育上，主要有以下四項重點。

一、重視孩子上小學之前的童年生活經驗

　　雖然孩子在還未入小學階段，看起來似乎是懵懵懂懂，但按照傳統精神分析學派的觀點，五、六歲時其人格發展已經完成了百分之八十，果真如此則實在是令人疏忽不得。父母對於幼兒的生活與行為表現，應該經常陪伴並隨時予以關注，

例如：口腔期吸奶嘴習性的戒除、肛門期清潔衛生的嚴格要求、性器期對於性的好奇與探索等，都應審慎地加以應對才是。

二、讓孩子能有某種程度的自主權而能讓其順性發展

幼兒在口腔期、肛門期，到性器期的六年人格發展中，父母不可按照大人的想法與標準，來嚴格要求孩童遵行；否則，一旦發展不順遂而造成某一時期的「滯留性格」，對於其往後人生將會產生頗大之負面影響，例如：孩童在性器期難免會對異性感到好奇，而有偷窺、碰觸等行為出現，若父母卻給予嚴苛地指責或處罰，這會讓其從小就對性的好奇與需要產生罪惡感，往往會影響其成長後有關性需求的正常反應。

三、不可忽略潛意識對孩子所產生的無形影響

雖然，嘲諷精神分析學派對潛意識的處理，猶如「在一間黑屋子裡，抓一隻看不見的黑貓」。但對於潛意識是不受人們意識所覺察與控制，卻會對許多過度的壓抑產生無法控制的莫大影響，使人不得不加以重視，例如：對於童年重大創傷後的壓抑，一直沒有處理而造成往後在某些人格上出現的偏差。

四、注意孩子運用自我所產生的自我防衛機轉

人的「自我」為處理「本我」和「超我」之間的嚴重衝突，而產生自我防衛機轉來加以保護，原是無可厚非者。然而，防衛機轉的反應內容多半都是自我否認、推卸責任，或設法合理解釋等。倘若孩子經常運用這些自我防衛機轉，恐怕對其真實生活的調適與因應，也會有不良的影響，例如：對於孩子上學後的學習行為或考試成績不佳，每回都以「合理化」來推說「老師題目出得太偏」、「自己運氣不好沒有讀到」等回應，這類的反應對其真實學習之改進都沒有任何正面的幫助。

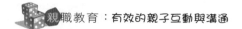

第二節　行為取向

　　行為學派重視刺激與反應的連結，認為透過不斷的重複練習與制約反應，就能產生新行為的習得，或是舊行為的去除。

　　以下綜合相關資料，針對行為學派對人性觀點、行為學派解釋學習的四大理論、行為學派在輔導諮商的主要作為，以及行為學派在親職教育上的運用（宋湘玲等人，2004；魏麗敏、黃德祥，1995；Corey, 2012），分別扼要說明如後。

壹、行為學派對人性的觀點

　　整體而言，行為學派對人性方面有以下十項假定：

1. 人是非善非惡的。
2. 人能對自己的行為加以概念化與控制。
3. 人有能力獲得或習得新行為。
4. 人能影響自我與他人的行為，並受他人行為之影響。
5. 忽視人的情感與潛意識歷程。
6. 人的行為都是學習而得的。
7. 行為可以經由反學習而加以改變。
8. 不良行為也是經由學習而來。
9. 行為是在環境之中習得的。
10. 人的行為有其一致性。

　　從上述這些對人性的假設可以明顯看出，行為學派對人性是持「中性觀點」，亦即是「非善非惡」論。人的行為學習與改變，不論好或壞、適應或不適應，一概都是經由環境的接觸和安排，透過不斷的刺激與反應的連結，重複多次的經歷或練習而得到。在此特別強調：人是環境的產物，一旦掉入其中很難自拔。

貳、行為學派解釋學習的四大理論

　　行為取向學者用來解釋制約學習的歷程，有四種基本理論，分別為：(1)古典制約學習理論；(2)操作制約學習理論；(3)模仿學習理論；(4)社會學習理論。

　　這些理論原則上是以「刺激與反應連結」的制約過程為基礎，並透過適當的增強運用，而產生的學習結果。以下的簡圖，則扼要的點出正增強、負增強、懲罰，以及削弱等四者的關聯性。

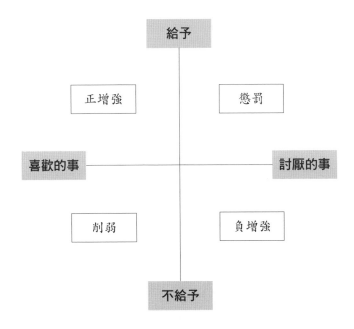

參、行為學派在輔導諮商的主要作為

　　行為取向的觀點在輔導及諮商方面，認為適應與不適應的行為，都是經由學習而獲得，乃是由一連串的增強作用而產生。通常會認定不當行為是來自於個人自我挫敗的方式，以及對社會控制、自我控制不佳所導致的結果。

　　行為治療的目標，包括有三大項：(1)改變不良適應的行為；(2)學習做決定的

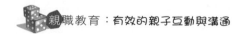

歷程；(3)強化好的或適應的行為，以防止行為問題的產生。

行為取向的諮商員，其中心任務在於協助當事人解決問題，並切合當事人的需求，創造一個有利於發展與行為維持的最佳情境。其實，諮商員本身往往是一個增強作用的分配者。

行為治療的步驟，依序有六項：(1)以操作型定義界定與陳述所欲改變的行為；(2)對目標行為建立基準線；(3)安排適當的行為產生的情境；(4)辨別有利於增強效果的刺激與事件；(5)增強所欲達成的行為；(6)保持行為已經完成的改變。

也有人將輔導和諮商過程，分為四個階段：(1)界定問題的定義；(2)蒐集當事人發展的相關資料；(3)建立明確的輔導諮商目標；(4)決定促進行為改變的最佳諮商方法。

行為取向治療法基本上是一種技術行為導向的諮商與治療方式，其主要技術包括：(1)系統減敏法；(2)角色扮演法；(3)行為契約法；(4)肯定與社會技巧訓練；(5)代幣法；(6)嫌惡治療法；(7)自我管理；(8)洪水法與爆炸法。

肆、行為學派在親職教育上的運用

有鑑於行為取向的觀點，相信人的一切行為皆由學習而來，而透過學習策略與技術的安排，可以塑造出不同的人類行為。就孩童而言，出生後接觸最早也最頻繁的就是家庭及其周遭環境，在多方耳濡目染之下，許多父母的行為習慣和各種觀念、想法等，都會讓孩子逐漸地習得而無可避免。

行為學派的方法用在孩童社交與肯定訓練方面的技巧與策略，歸納起來有下列六項：(1)行為教導；(2)示範；(3)行為演練；(4)矯正回饋；(5)積極增強；(6)家庭作業。

將此行為取向學派的觀點和技術運用在親職教育上，主要有以下四項重點。

一、重視孩子生活習慣的養成

孩子出生後在家庭成長，其第一個老師往往就是父母，家長的一言一行都會是孩童學習模仿的對象，因而此時父母對孩子的教導可說是「事半功倍」。然而，

一旦習慣養成之後，再要設法改變就困難得多，而如同「事倍功半」，就像本章之初的文章中提到的網路成癮問題，一旦已經養成上網成癮的習性，要來矯治就非常困難了。而好的習慣養成，例如：筆者的父親一向早起，從小時候開始，父親幾乎是夏天五點、冬天六點就叫我起床，跟著一起打掃庭院或是外出騎車運動，因而養成筆者早起的生活作息，真是終身受用不盡。

二、注意刺激與反應的正確連結與重複配對

在孩子的學習過程中，不要安排得太過於複雜，最好是一次學習只有一個明確的目標，並能掌握刺激、反應及增強物間的緊密結合，例如：孩子開始上學後，每天都要寫功課，若家長期待孩子一放學回到家，就能趕快先把功課寫完，就宜替孩子在家中安排一個不受打擾的環境，並讓其養成回家後立刻就寫功課的好習慣，同時在寫完功課之後，立刻能給予精神或物質上的增強。

三、多使用「普麥克原則」（Premack principle）

這個原則是行為取向學派在日常生活親子互動之中，經常被使用的一項技巧，亦稱為「老祖母定律」。這是指利用個體偏好較強的反應，以促動另一興趣較淡而強度較弱之反應的一種學習原則（張春興，1995），例如：孩子喜歡吃糖而不喜歡吃飯，父母就要求孩子先把碗裡的飯菜吃完之後，再給他一顆糖吃；但絕不可將順序弄反了，否則一定無法達成學習目的。

四、慎選增強的方式與增強物

在行為取向學派使用的增強方式，有採用「時間」或「次數」來計算，有「固定方式」或「變動方式」數種。家長必須視孩子的年齡、學習的難易、動機的強弱等之不同，來選用最適合孩子的增強方式。同時，增強物的選擇也得考量孩子的需求來安排，所謂「心動才會產生行動」，例如：有的孩子喜歡禮物、有的喜愛金錢，也有希望能獲得父母的讚賞，或是前述幾種方式的混合搭配。

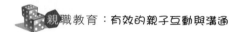

第三節 人本取向

人本取向學派的大師Carl Rogers（1902-1987）認為，自我概念是經由經驗、價值、意識與信念所形成的，自我概念形成之後，個人就會有兩種伴隨著的需求：一是自我實現的傾向；二是積極的自我關注。

以下將綜合相關資料，針對人本學派對人性的觀點、人本學派解釋自我人格理論、人本學派在輔導諮商的主要作為，以及人本學派在親職教育上的運用（宋湘玲等人，2004；魏麗敏、黃德祥，1995；Corey, 2012），分別扼要說明如後。

壹、人本學派對人性的觀點

人本學派對於人性持非常積極的看法，認為人是社會化且理性化的個體，不僅要求基本的生存，更會爭取自我的實現。Rogers 的理論共有十九個命題，這些命題是形成其理論的根基。

基本上，Rogers是借助於現象學的觀點，重視個人的現象知覺，並以「自我」（self）為關注的焦點，故其理論又被稱為「自我理論」。

Rogers 對人格改變可能性的關心，甚於人格特質的結構。他認為個人的成長與發展的動力，在於是否能處於真誠、無條件接納與具有同理心的環境中。

人本取向的個人中心治療法對於人的成長，有以下十五個重要概念：(1)實現的傾向；(2)價值的條件；(3)一致性；(4)同理的了解；(5)經驗；(6)體驗；(7)真誠；(8)有機體的價值歷程；(9)積極關注；(10)積極的自我關注；(11)自我實現傾向；(12)自我概念；(13)自我體驗；(14)無條件積極關注；(15)無條件自我關注。

人本取向觀點特別重視適應良好或功能充分的人，認為其必能發揮個人之潛能。人既有潛能亦有實現自我的驅力，何以還會產生不適應的行為呢？甚至無法成為完全發揮功能的人？Rogers 認為，由於人皆有自尊與自重的需要，而這些得自於個人的知覺場，舉凡他人的回饋、反應都在此知覺場中發生作用，以致於個人不免去遵從他人的引導而做選擇性的反應。換言之，個人選擇符合自己價值體

系的經驗，久而久之即限制其知覺範圍，甚至歪曲事實，而有不一致、不肯定、焦慮等狀況出現，逐漸導致不適應的現象或偏差行為的產生。

貳、人本學派解釋自我人格理論

Rogers 的自我人格理論有三個相關聯的要項：(1)有機體；(2)現象場；(3)自我。其中，有機體是個人全部的總和，包括：思想、行為及生理上的組織結構。而現象場則指個人經驗的內外在世界，其個人主觀的感受才具有實質的意義。自我是現象場中獨特的部分，由一連串主觀的知覺（即種種有關「我」的感受）及價值觀所組成，其可區分現象場，也能意識到主體與客體之間不同的我。

參、人本學派在輔導諮商的主要作為

屬於人本學派的個人中心諮商法，其目標在於幫助當事人充分發展其功能，是關心「人」而不是「問題」，正面期待當事人能成長與改變。個人中心的諮商治療，事實上是以現實的情感、經驗與人際互動為焦點，因此諮商與治療的目標，在於協助當事人澄清自我概念，以便自我了解、自我探索與自我發展。

在個人中心諮商與治療的歷程中，就當事人的經驗而言，會歷經七個層次，這七個層次也是諮商歷程進步的現象：(1)在諮商關係中改變情感；(2)改變對經驗的態度；(3)改變個人結構；(4)改變自我溝通；(5)在關係中改變問題；(6)改變人際關係；(7)超越結束的經驗。

Rogers 指出，諮商溝通的必要與充分條件，包括：(1)同理心；(2)無條件積極關注；(3)真誠一致。諮商過程要有積極的效果，諮商員必須具有十二個條件，而當事人改變的歷程則有七個主要階段，分別是：(1)情感與個人意識；(2)經驗的態度；(3)不一致的程度；(4)自我溝通；(5)解釋經驗的態度；(6)與問題的關係；(7)與他人關係的態度。

個人中心諮商的技術與策略，有以下六種：(1)專注；(2)沉默；(3)澄清與反映；(4)尊重與接納；(5)真誠與一致；(6)同理心。而 Rogers 本人常用的諮商技術，

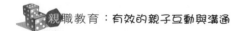

則包括：(1)專注；(2)沉默；(3)尊重與接納；(4)真誠一致與同理心。

　　個人中心諮商重視人的價值、尊嚴與關係的建立、當事人的責任與諮商員人格特質的重要性，人本學派對於諮商事業有著革命性影響，但難免仍有其限制所在。

肆、人本學派在親職教育上的運用

　　人本取向學派的觀點，特別重視人是自己的主人，只要有不錯的成長環境，人必定會朝著「向上與向善」的方向發展，而不斷的自我了解、自我接納、自我學習、自我肯定，以致於最終能達到自我實現的境地。就孩童而言，在成長的環境中，父母若能給予更多的支持和關愛，必能積極地發揮其潛能。

　　人本取向學派的觀點和技巧運用在親職教育上，主要有以下五項重點。

一、協助孩子更清楚地認識自我

　　「自我」的認識與面對，是人本取向學派鎖定的核心目標；人一生中唯一能長期陪伴自己的就是「自我」，因而幫助孩子從小就能更多且更深地認識自己，絕對是一項必須學習的功課，例如：讓孩子了解自己的興趣與性向為何？個人有何特點是與眾不同的？自己的優點有哪些？而缺點又有哪些？

二、要多給予孩子尊重和接納

　　人本取向學派重視個人都有「向上與向善」的發展潛能，但在此過程中必須要有父母的循循善誘才可以。為人父母者在平日生活中，就必須多多給予孩子適度的尊重，並學習去接納孩子認真的學習和表現，而不去計較行為的完美程度。其實，世上哪有什麼完美？你我都不可能完美，又何必要求孩子要完美呢？例如：孩子的音樂天賦不高，也不願意去彈琴，父母與其清楚地溝通且了解之後，就不該再強迫孩子去學琴。

三、培養孩子的自信和自尊

　　一個人的自尊心與自信心的形成，是需要長期培養的，而孩子的自信和自尊，最早是從父母那裡獲得，因他們之間的互動最早也最多。父母若能懂得欣賞孩子的表現，也能不吝於開口讚美鼓勵，則孩子在此環境中長大，就很自然地擁有其自尊與自信心，例如：孩子主動在父母面前表現，或是父母偶而注意到他的良好行為，就應主動立即給予肯定或讚美。

四、讓孩子學會自己做決定

　　人不可能知道未來的變化，但在生活中卻時時都需要去「做決定」。在自我的人生觀中，一項基本的要求就是「自己負責」；既然一切後果都要由自己來承擔，因而孩子從小就宜學會「自己做決定」，例如：全家外出在餐廳用餐時，可以由孩子自己來點餐；生日禮物要買什麼才好，也可以讓孩子自己來挑選。

五、激發孩子發揮其個人潛能

　　自我實現與潛能的發揮，在人本取向學派被認為是最終也是最高的個人需求項目；然而，潛能必須要適當地開發，甚至要能予以適度地激發才行，例如：父母平日只要多用心去觀察及了解孩子，一定能找得到最適合激發孩子發揮其個人潛能的方式，並能把握機會在日常生活或與孩子的互動中，多加運用即可。

第四節　系統取向

　　系統觀點自二十世紀六〇年代，在行為科學及心理學領域被廣泛推出後，對於在研究個體的行為時，通常會思考到與其相對應的背景脈絡（context），亦即需要考慮相互之間的互動往來，以及彼此的回饋和交互作用所產生之影響。

　　家族治療認為，家庭是個體第一個接觸到的社會組織，對個體的思想、行為有著深遠的影響力。因此，欲了解個體的困擾，必不能忽視探究其家庭成員間的互動關係。這樣的觀點在美國社會曾引起很大的迴響。而張老師文化所出版的一本暢銷書──《熱鍋上的家庭》（李瑞玲譯，1991），其原文書名是：*The Family Crucible*，是由 Napier 與 Whitaker 於 1978 年出版。這本書係在描寫一個瀕臨破碎的家，接受系統家庭治療的過程及其心路歷程。從這本書中可以使人深刻的體認到，家庭原本是個人最溫暖的避風港，然而一旦經營不善，也可能成為危害個體人格發展的最大殺手。

　　以下將綜合相關資料，針對系統取向學派對人性的觀點、系統取向學派解釋家庭與婚姻、系統取向學派在家族諮商的主要作為，以及系統取向學派在親職教育上的運用（Corey, 2012; Goldenberg & Goldenberg, 2012; Worden,2003），分別扼要說明如後。

壹、系統取向學派對人性的觀點

　　系統取向學派對於人性所持的是較為中性的看法，其認為個人在其所屬的家庭、社區、社會、國家等不同的系統之下成長及生活，必然會受到各個小、中、外、大系統不同程度的影響。孩子出生、成長通常都在家庭中，而家庭又存在於社區與社會之下，因而孩童的成長發展，必然會受到這些大大小小系統的影響。系統理論特別重視家庭（一個系統）內每一組織成員彼此間的共存、互動與相互回饋。家是一個整體系統，家人間彼此互動產生的影響頗大。

貳、系統取向學派解釋婚姻與家庭

系統取向學派對於婚姻與家庭的看法，最常受到以下二大系統理論的影響，在此分別說明如後。

一、家庭系統理論

家庭系統理論是由 Broderick 與 Smith 於 1979 年所提出，此理論可廣泛運用於解釋家庭中的現象，因此在家庭領域研究中更是廣為運用，能透過家庭成員間的互動，來對家庭各個層面進行探討。

在此一理論中，最核心的概念為系統和次系統的理念。在家庭中，系統被視為一個不存在的抽象理念但又兼具生命主體，此一系統是由家庭成員所構成，透過互動形成系統，而彼此間更是互相緊密連結；次系統是存在於整個家庭系統中的一部分，層級次於系統，家庭中的次系統包含：夫妻次系統、親子次系統與手足次系統等。次系統間會互相影響，婚姻關係不良會造成夫妻次系統運作不佳而產生負向回饋，並會影響了親子關係和手足關係，因此次系統間互有關聯與影響力。

夫妻次系統主要是在維繫兩人之親密性，而成為子女之示範與楷模，讓子女學習兩性相處及親密關係的意義。在夫妻次系統中，對於子女之影響無遠弗屆：近者，對於親子系統產生不良影響，因為夫妻的婚姻關係不佳使子女成為負面情緒出口；遠者，婚姻關係不佳會影響子女成長過程對婚姻之負面態度與印象，導致兩性關係的錯誤價值觀等，而在系統中的界域透過與環境的互動而有流通，透過界域的保護與調適能讓家庭系統正常運作與平衡；一旦夫妻婚姻關係過於僵化，將使界域內之系統平衡失去功能，導致親子系統或手足系統也間接失去平衡點，而造成家庭系統內部的不穩定。

因此，家庭系統理論中的家庭系統彼此相關，牽一髮而動全身，夫妻婚姻關係的次系統為核心系統，更需要加以維持，以避免對其他系統造成失衡或是成為家庭系統的壓力來源。

二、生態系統理論

生態系統理論是由 Bronfenbrenner 於 1979 年所提出，其強調個人與環境的互動過程，將會產生對於個人成長之巨大影響。而家庭對個人成長而言，更是許多生態系統交互影響下的一套系統。

在生態系統理論中，可以區分為小系統（microsystem）、中系統（mesosystem）、外系統（exosystem），以及大系統（macrosystem），這四個系統對應到個人會產生不同之意義。小系統是指個人與重要他人互動所產生的部分，家庭是個人最初與人產生互動之場所，因此對於個人影響最深遠；中系統是指個人參與兩個或以上系統的相互關係，在成長過程中家庭與學校對於個人影響最多，家庭和學校則可以說是中系統；外系統是個人未參與之外在部分，例如：學區或社區；大系統則指外在最大環境，例如：文化或社會潮流等。

父母親在家庭中扮演著重要的領導角色，在生態系統理論中更是引領著小系統及中系統，而對孩童個人產生影響。因此，父母的婚姻關係不只關係到父母本身，更關係到與父母互動的子女，一旦父母的婚姻關係不佳，對於生態系統中的小系統和中系統就會造成負面影響，而使子女在家庭中無法有平衡且穩定的生態系統。因此，父母的婚姻關係與子女的關係最為親密而直接。

參、系統取向學派在家族諮商的主要作為

家庭系統觀點認為，透過評鑑一個人的整個家族成員之間的相互關係，最能夠了解這個人。各種問題症狀常被視為家族內功能運作不良的一種表徵，並認為這種型態會代代相傳。這種革命性的看法認為，從當事人身上偵查到的問題，可能是家族如何運作的一種表徵，而不只是個體適應不良、個人歷史，以及心理社會化發展過程所顯現的徵候。此一看法根據的假設是，當事人的問題行為可能係源自於家族的遺傳；代表家族無法順暢運作，特別是家庭處於轉形期，或象徵著代代相傳、運作不良的型態。所有的這些假設，都挑戰著傳統學術界對於人類問題及其形成在概念上所構築的架構。

　　一般來說，家族治療的主要目標在於改變家庭整個系統（system），並認為這將進而使個體成員產生改變。家族治療法旨在協助家庭成員改變功能不良的關係型態，以建立功能良好的互動方式。然而，家庭往往有維持靜態不變的傾向，甚而抗拒改變。故在家族治療的過程中，家庭系統的改變歷程有時相當緩慢，需要耐心與詳細計畫的介入措施。

一、三項重要的基本概念

　　系統取向學派除了對家庭系統與次系統等觀點重視外，家族治療中有三項重要的基本概念，分別是：「直線因果論」對「循環因果論」、「靜態不變」對「動態改變」、「內容」對「過程」等，分別扼要說明如下（王以仁，2010；Goldenberg & Goldenberg, 2012; Worden, 2003）。

（一）「直線因果論」對「循環因果論」（lineal causality versus circular causality）

　　傳統上在探討二個事件間的關係時，常會採用直線因果論（lineal causality），例如：甲事件導致乙事件的發生，我們會認為甲事件是因，而乙事件則為果。依此觀點，若我們認為在某一個家庭中，老么若能不違背父母且停止其抗拒行為，則這個家庭就會一切圓滿。若是如此，只要經由個別諮商或治療，針對老么加以改變，就可解決所有的問題。

　　然而在家庭中，問題的產生往往不是如此單一的直線因果關係，而是必須以循環因果論來加以看待。因為家人彼此互動之間係處在一種「循環回饋圈」（circular feedback loops）中，彼此互動也相互影響，相當地錯綜複雜。因此，在循環因果論的觀點下，必然會去除家中所謂「壞傢伙」（bad guy）的假設性說法；因按照直線因果論的看法，家中就是因有這個「壞傢伙」才會不得安寧，這個成員也成了所謂的「家庭替罪羔羊」（family scapegoat）。循環因果論不認為家中有任何一位成員是「壞傢伙」，家庭問題係因成員間彼此間的溝通與互動不良，才會產生家庭功能不良之結果。

（二）「靜態不變」對「動態改變」（morphostasis versus morphogenesis）

家庭這整體系統，為因應內外在環境的改變，有時需要設法保持穩定，而產生所謂的「靜態不變」；但有些時候卻需要改變其結構，亦即所謂的「動態改變」，以確實達到內外在平衡的要求。

當在家庭中有某些問題產生時，整個家庭系統及結構，是否必須有所改變或是應保持穩定而不變，確實是一個值得深思的考量。家庭不斷的改變會造成混亂而不適應，若是一成不變又恐過於僵化；如何做到有所變、有所不變，以充分發揮家庭的正向功能，這是研究與探討家庭問題時，最值得深思與拿捏的一大課題。

（三）「內容」對「過程」（content versus process）

由家庭系統的觀點來看，在家庭問題的諮商晤談過程中，當然會討論到某些成員的具體行為問題或症狀，這就是所謂「內容」的部分；但若考慮到隱藏在問題內容背後家人間的互動形式，就屬於所謂「過程」的部分。

換句話說，「內容」的部分，討論的是問題是什麼（what）？而「過程」的部分，則指的是問題係如何（how）形成的？其主要原因為何（why）？固然弄清楚問題是什麼有其重要性，而釐清問題是如何形成就顯得更重要了。

二、八個相互連鎖的主要概念

以下針對 Murray Bowen 的家族系統理論中，八個相互連鎖的主要概念，說明如下。

（一）自我分化（differentiation of self）

自我分化是 Bowen 理論中重要的基礎，是指自我在感情與心智上適度地與整個家庭脫離及獨立（所謂有點黏又不太黏）。依家庭系統理論，要成為一個健全的人，需同時擁有對家庭的歸屬感及脫離家庭的自我個體。分化後的個體能選擇接受自己感覺的指揮，或自己想法的指揮。未分化個體的自主性低，反應相當容易情緒化，對事情亦無自己清楚的立場。二個分別未分化的個體往往會尋求與自

己類同者結為夫妻，經由此種婚姻的方式，功能不良的家族動力將會代代沿襲相傳下去。

（二）三角關係（triangles）

Bowen 提到，在親密的二人關係中容易產生焦慮，且在有壓力的情境下，二人也許會引進一個第三者來減低焦慮與增進其穩定性，此一現象稱之為「三角化關係」（triangulation）。一般說來，分化程度愈低的人愈容易被扯入三角關係中，或者說愈低分化的人愈能提高三角化關係的可能性；在依靠三角化關係解決問題時，也正協助某個成員維持其低分化的自我。

（三）核心家庭的情緒系統（nuclear family emotional system）

低自我分化的人在婚後會產生一個相同特徵的家庭，這樣的核心家庭系統將會是不穩定，而企圖以各種方式減少緊張以維持穩定，包括：喜歡以爭吵、分離，或過度關心孩子來解決夫妻間的衝突與問題。進一步而言，當配偶的功能失調時，在互補作用上可能會出現過量或不足的現象，例如：一方負全責，而另一方則扮演無法負責的角色；此時，問題的重心會被單純歸咎到不足的一方，而忽視了夫妻彼此間互動關係的問題。

（四）家庭投射過程（family projection process）

家庭投射過程係指，父母會將自己本身未分化的自我或婚姻關係，透過父、母、子女的三角關係投射到子女身上。Bowen 相信自我分化低的父母本身並不成熟，會從孩子當中選擇一個在心智或身體上最幼稚的子女，作為他們投射的目標。當孩子依附父母最深時，其自我分化程度最低，最難從家庭中分開。

（五）感情截斷（emotional cutoff）

這是指個體脫離對家庭的依賴或控制，而開始尋求獨立。孩子會透過離開父母，或停止與父母交談，或切斷與家庭的接觸等方法，在情緒上完全的冷漠與隔離，或在外表上保持距離疏於往來，嘗試脫離家庭而獨立，以免彼此在情緒上糾

葛不清。Bowen 認為，感情截斷只是假想的自由，而非真實的切斷。感情截斷發生在大部分有高焦慮或情感依賴的家庭之中，家庭愈被期望有高的凝聚力，成員間的衝突愈容易被偽裝與隱藏。Bowen 也認為，當感情截斷存在於父母與其上一代父母之間，則下一代的父母與孩子間感情截斷的可能性也會提高。

（六）多世代傳遞過程（multigenerational transmission process）

多世代傳遞過程是 Bowen 理論中最吸引人的一個觀點。他認為，一個嚴重失功能的家庭，乃是家庭感情系統經過多世代操作的結果，其傳遞過程的關鍵在於個體選擇相同分化程度的人為其配偶，且家庭投射過程會造成比父母分化程度還要低的後代。在此情況下，後代子女自我分化程度比父母還低，其選擇的配偶與自己有相同的低分化程度，這樣一代傳一代下去，最後將會產生一個自我分化低到足以失去功能的個體（大約八到十代就會出現精神分裂個案）。

（七）手足地位（sibling position）

Bowen 認為，在婚姻中，配偶愈接近童年時手足地位的複製，愈有機會獲得成功，例如：老大配老二，老么配產序較前一位者；他甚至指出，如果配偶的童年是與異性手足一同成長的，則其婚姻成功的機會較大。同時，他也體認到配偶的互動類型可能與個體自身在其原生家庭的地位有關，因依產序可以預測其個人在家庭感情系統中的角色與功能，例如：老大與老么結婚，老大可能被期望要承擔較多的責任；但此處的老大或老么是指個體在家庭系統中的地位，而非真實的產序。

（八）社會退化（societal regression）

Bowen 把他的理論擴展到社會，主張社會如同家庭一般，也有維持集體性與傾向個別化的二股力量。社會在長期的壓力下，也會形成焦慮的社會氣氛，在此情形下，社會可能形成保守而集體性的風潮，並腐蝕其個別化的力量。Bowen 悲觀的認為，分化的社會功能在過去幾十年來已明顯降低，但他期待社會在理性與情感之間有較好的分化，社會能做較理性的決策而非僅依情感行事，更非選擇短

期或補救式的解決方案。

肆、系統取向學派在親職教育上的運用

　　系統取向學派的觀點，特別重視孩童成長中有其直接而密切關聯的「家庭」小系統。其中，最具有影響力的是夫妻之間的次系統，其次為手足之間的次系統。

　　系統取向學派的觀點運用在親職教育上，主要有以下四項重點。

　　1.家中每位成員都要有良好的自我分化。家庭每位成員在自我感情與心智上，要適度地與整個家庭有點距離而獨立，要維持有點黏又不太黏的關係。尤其是親子互動之間，孩童必須由剛出生對父母的完全依附，隨著年齡漸長，而逐漸達到適度地分化，終能成為一位獨立自主的個體。

　　2. 避免夫妻關係三角化而把孩子當作代罪羔羊。夫妻一旦在親密的二人關係中不睦，甚而產生焦慮與壓力的情境下，二人就會嘗試去引進一個第三者來增進彼此之間的穩定性，而會產生「三角化關係」。這時，家中分化程度較低的孩子，很容易被捲入而成為代罪羔羊，也會進一步阻礙這個孩子的正常生活、學習與人際適應。

　　3. 避免家中發生負面的多世代傳遞。父母之間的關係不佳或是家庭功能無法正常發揮，都會對孩子產生負面的影響，甚至造成後代子女自我分化程度比父母還低，其選擇的配偶與自己有相同的低分化程度，這樣代代相傳下去，終將產生家庭的重大不幸事件或人倫悲劇。

　　4. 對於親子或家庭問題的解決不應只看結果，還得重視其過程。系統取向學派的觀點特別重視家人或親子之間的交互影響，以及彼此間的互動回饋。往往事情是如何發生與經過的，會比最後的結果來得更為重要。因而，父母對孩子要學會經常去陪伴他和觀察他，而非僅以結果的好壞或成敗來論斷之。

本章摘要

心理分析、行為學派與人本主義，此三者合稱為心理學的三大勢力。其分別盛行於二十世紀的前、中、後三個時期，直至今日仍各有其頗大之影響力。而系統理論則是二十世紀六〇年代，在行為科學及心理學領域被廣泛推出運用者。

心理分析取向學派也常被稱為「精神分析學派」，其基本上是重視個人早年生活經驗的影響，尤其重視潛意識歷程在問題形成與診療上的作用。精神分析學派也建構了人的潛意識觀念，認為一個人的思想、感情和行為皆受潛意識所強烈影響。Freud認為，潛意識是心靈的真正實體，也是人格活動的中心，人的心靈包含意識、前意識、潛意識等三個部分。

精神分析學派的人性論屬於悲觀的命定論，其認為人無法主宰自己的命運，個人的行為受過去童年經驗的影響至深；而非理性衝動、潛意識動機，以及生物與本能驅力，均使個體無法脫離諸多無形的束縛。Freud認為，人格結構包括：(1)本我（依循快樂原則）；(2)自我（依循現實原則）；(3)超我（依循道德原則）等三部分所構成。針對人格的發展，可分為以下五個階段：(1)口腔期；(2)肛門期；(3)性器期；(4)潛伏期；(5)兩性期。

精神分析學派曾經為心理學的第一大勢力，將此學派的觀點和技術運用在親職教育上，主要有四項重點：(1)重視孩子上小學之前的童年生活經驗；(2)讓孩子能有某種程度的自主權而能讓其順性發展；(3)不可忽略潛意識對孩子所產生的無形影響；(4)注意孩子運用自我所產生的自我防衛機轉。

行為學派重視刺激與反應的連結，認為透過不斷的重複練習與制約反應，就能產生新行為的習得，或是舊行為的去除。行為學派對人性是持「中性觀點」，亦即是「非善非惡」論。人的行為學習與改變，不論好或壞、適應或不適應，一概都是經由環境的接觸和安排，透過不斷的刺激與反應的連結，重複多次的經歷或練習而得到。行為取向學者用來解釋制約學習的歷程，有四種基本理論：(1)古典制約學習理論；(2)操作制約學習理論；(3)模仿學習理論；(4)社會學習理論。這些理論原則上是以「刺激與反應連結」的制約過程為基礎。

　　行為取向的觀點在輔導及諮商方面，認為適應與不適應的行為，都是經由學習而獲得，乃是由一連串的增強作用而產生。行為取向學派的觀點和技術運用在親職教育上，主要有以下四項重點：(1)重視孩子生活習慣的養成；(2)注意刺激與反應的正確連結與重複配對；(3)多使用「普麥克原則」；(4)慎選增強的方式與增強物。

　　人本取向學派的大師 Rogers 認為，自我概念是經由經驗、價值、意識與信念所形成的，自我概念形成之後，個人就會有兩種伴隨著的需求：一是自我實現的傾向；二是積極的自我關注。人本學派對於人性持非常積極的看法，認為人是社會化且理性化的個體，不僅要求基本生存，更會爭取自我的實現。基本上以「自我」為關注的焦點，故其理論又被稱為「自我理論」。

　　Rogers 對人格改變可能性的關心，甚於人格特質的結構。他認為個人的成長與發展的動力，在於是否能處於真誠、無條件接納與具有同理心的環境中。Rogers 的自我人格理論有三個相關聯的要項：(1)有機體；(2)現象場；(3)自我。

　　人本取向學派的觀點和技巧運用在親職教育上，主要有以下五項重點：(1)協助孩子更清楚地認識自我；(2)要多給予孩子尊重和接納；(3)培養孩子的自信和自尊；(4)讓孩子學會自己做決定；(5)激發孩子發揮其個人潛能。

　　系統觀點自二十世紀六〇年代，在行為科學及心理學領域被廣泛推出後，對於在研究個體的行為時，通常會思考到與其相對應的背景脈絡，亦即需要考慮相互之間的互動往來，以及彼此的回饋和交互作用所產生之影響。其認為個人在所屬的家庭、社區、社會、國家等不同的系統之下成長及生活，必然會受到各個小、中、外、大四種系統不同程度的影響。

　　家庭系統理論中最核心的概念為系統和次系統的觀念。在家庭中，系統被視為一個不存在的抽象理念但又兼具生命主體，此一系統是由家庭成員所構成，透過互動形成系統而彼此間更是互相緊密連結；次系統是存在於整個家庭系統中的一部分，層級次於系統。

　　系統取向學派除了對家庭系統與次系統等觀點的重視外，針對家族治療其中有三項重要的基本概念，分別是：(1)「直線因果論」對「循環因果論」；(2)「靜態不變」對「動態改變」；(3)「內容」對「過程」。Bowen 家族系統理論中，八

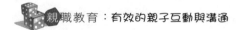

個相互連鎖的主要概念為：(1)自我分化；(2)三角關係；(3)核心家庭的情緒系統；(4)家庭投射過程；(5)感情截斷；(6)多世代傳遞過程；(7)手足地位；(8)社會退化。

　　系統取向學派的觀點運用在親職教育上，主要有以下四項重點：(1)家中每位成員都要有良好的自我分化；(2)避免夫妻關係三角化而把孩子當作代罪羔羊；(3)避免家中發生負面的多世代傳遞；(4)對於親子或家庭問題的解決不應只看結果，還得重視其過程。

班級／小團體活動

活動名稱：猜猜我是誰

一、目的

　　1. 讓成員彼此認識，建立良好的團體互動關係。

　　2. 增加成員彼此之間的熟悉度。

二、一般說明

　　1. 團體人數：8～10 人分為一小組。

　　2. 時間：20～30 分鐘。

　　3. 場地與教材：上課教室分小組進行。紙、筆 、小容器、膠帶。

三、實施程序

　　1. 由領導者開始報出自己的姓名、家庭概況及個人的特殊嗜好，然後以順時針方向輪流請團體成員依此內容，分別將自己介紹給大家。

　　2. 請每位成員在紙上寫下自己的姓名後，摺好置於準備的小容器內。

　　3. 請一位成員抽出一張紙不要打開，交由領導者貼於其背後，然後繞團體一圈，讓其他成員知道他所扮演的人是誰。

　　4. 出場者可以發問任何問題（例如：性別、年齡），但不能問我是誰；團體成員給予回答直到能猜出所扮演的名字為止，且彼此相互給予回饋。

　　5. 視時間來決定採輪流扮演或是採自願出場。

問題與討論

1. 試說明心理分析取向是如何解釋人格的結構與發展階段？這些觀點對你有何啟發作用？請分別加以論述之。

2. 以心理分析取向對人持有「悲觀命定論」之論點，這在親職教育運用上有何提醒功用？請深入加以探究之。

3. 基於行為學派的客觀具體理論，在親職教育上的運用有哪些重點？並請舉例來加以說明之。

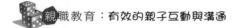

4. 人本學派是如何解釋自我人格理論？這些說法在親職教育中，應如何實際地加以運用呢？

5. 試說明系統取向學派如何來解釋婚姻與家庭的諸多困境？這在親職教育上又能發揮哪些實務性的功效呢？

Chapter 3
親職教育的實施內容

學習目標

※「父職」的意義為何？

※當個好爸爸的十項要件為何？

※「爸爸學校」的主要課程內容有哪些？

※「母職」的角色內涵為何？

※父職與母職的有效訓練有哪些？

※個人的身心發展具有哪些特徵？

※影響個人一生發展的三大因素為何？

※適應的本質與內涵為何？

※心理社會發展八大衝擊之危機與轉機有哪些？

※如何從系統的角度來看家庭與親子的問題？

※父母管教態度及方式的意義與類型為何？

※父母管教方式與親子互動關係為何？

向「母職工作者」致敬

　　一進入五月，從各種廣告媒體中，幾乎多在大肆宣傳母親節即將來臨，提醒消費者如何把握機會，以便能買到又好又便宜的禮物來送給母親！當然，餐廳業者也跟著搶搭母親節大餐的便車，希望能藉此衝高其營業績效。

　　母親節將至，為人子女者盡點心意，不論是買份貴重禮物送給母親或是帶媽媽去吃頓大餐，都是表達孝心的一種方式。其實，現代的母親大多是職業婦女，常常忙碌於工作與家庭之間，有如陷於「蠟燭兩頭燒」的窘況！同時，婦女大量就業所帶來的影響，亦使得現代的母親角色，由過去單一的家庭角色，擴展為雙重的家庭及職業角色；同時，也帶動了現代父親在家庭角色上的轉變，由過去單一的職業角色，也逐漸投入家事及育兒的多重角色中。

　　所以，兒女們面對母親節的孝思不一定得放在大餐與厚禮之中，也可以藉此時機主動幫助母親打理家中的清潔工作，或是能特別返家陪同媽媽聊天過節，都可算是度過了一個頗具意義的現代母親節！

　　事實上，今日的「母職工作者」已不僅限制在「母親」身上，其他還有「父代母職」的單親爸爸、隔代教養的祖（外祖）父母等人！隨著社會的開放與多元化，他們也都扮演著另類「母職工作者」的重要角色！在此母親節前夕，讓我們一起來透過信件、卡片、電話、email與當面致意等方式，來向各類「母職工作者」致上最真誠的謝意與敬意！

（本文係筆者在 2006 年 5 月 14 日發表於《中國時報》第 15 版「時論廣場」）

　　上述文章中論及，現代的母親角色已由過去單一的家庭角色，擴展為雙重的家庭及職業角色；同時，也帶動了現代父親在家庭角色上的大轉變。今日的「母職工作者」已不僅限於「母親」身上，其他還有「父代母職」的單親爸爸等。因此，本章將針對父母角色的認同與訓練、孩童的發展與適應，以及父母管教態度與方式等，分別加以討論如後。

第一節　父母角色的認同與訓練

現今的時代變化劇烈，家庭結構與形式也隨之而有頗大的改變；家庭明顯地由傳統多代同堂的大家庭，轉變成人口簡單的核心家庭。尤其，跨入二十一世紀資訊科學的蓬勃發展，與個人自我追求的極端需求，必會導致在親子及家人關係與互動方面，產生的問題會更趨於嚴重。

壹、父職角色

「父職」（fatherhood）通常僅指父親與孩童的關係（relationship）而已，這使得親職角色的認定上有很大的不同。再加上傳統上一直將母親的角色視為女人的天職，這種母職天賦的迷思，使得母親就算外出就業，其撫育子女和家務處理的工作並不會因而減少；相對的，父親選擇性的幫忙照顧子女，卻被視為「新好男人」的表現。因而形成了「責任性母職」與「選擇性父職」之差異（黃怡瑾，2002）。

一般而言，對於家庭角色的研究大部分都只將焦點鎖定在「母親」，而「父親」顯然是一個被忽略的角色。其最大成因是母親長久以來即扮演主要照顧者的角色，與子女在感情層面的互動較多，對孩子之影響亦大，其受重視的程度相對增加；反觀父親，則只是扮演經濟的提供者。

長久以來，受到傳統社會男尊女卑的觀念，以及性別刻板化印象的影響，使得男性遠庖廚、不過問家務，且與家人關係較為疏遠。近年來，由於社會型態、經濟發展、教育普及，以及女性進入職場工作的情形日益普遍，而使得父職與母職的具體內涵也起了頗大地變化。

在進入二十世紀之後，中國家庭的結構與家庭制度有了極大轉變，尤其是從七〇年代起，西方女權運動強烈衝擊著臺灣社會，使得年輕女性的意識抬頭，她們不斷地極力爭取受教權與工作權；伴隨著女權高張，使得女性更有勇氣走出家庭而投身職場，不僅提高了她們在家庭中的地位，同時也減低對於家庭的依賴程

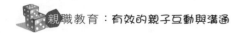

度，更使得「男主外、女主內」的傳統家庭分工模式受到嚴重的挑戰（杜宜展，2011）。

今日，家庭中傳統性別的角色分工雖已逐漸被打破，然而實際上「父職」角色的發展與突破卻仍受侷限。根據國內研究發現，社會對於「參與型父親」沒有給予較正面的肯定（王叢桂，2000），甚至父親在家務工作的選擇上仍以「可選擇性」的家庭參與特質，而居於次要的地位（王舒芸、余漢儀，1997；Lamb, 1981）。

而一般職業婦女在工作角色與家中母親角色面臨衝突時，則可清楚地看出，男性對家庭的付出仍無法與雙薪家庭的真正需求相互呼應，導致在講求兩性平權的年代中，仍無法在家務分工這方面達到齊頭式的平等。為達到家中男女雙方真正的平等，我們都不應該忽視男性在家庭中所扮演的角色。社會傳統、價值觀、道德標準對父親的自我角色認知，確實會產生某種程度的限制及影響。

近年來，在臺灣有關父職方面的一本暢銷翻譯書，即是由美國 Gregory W. Slayton 所著的《我是好爸爸》（*Be a Better Dad Today: 10 Tools Every Father Needs*），其中有以父職（FATHERHOOD）的十個英文字母，提出以下當個好爸爸的十項要件（錢基蓮譯，2013；Slayton, 2012）：

1. 家庭擺第一，與家人同樂。
2. 在婚姻中全力以赴。
3. 設定道德標準，保持謙卑。
4. 真摯的愛。
5. 成為一個僕人式的領導者。
6. 讓家人關係更緊密。
7. 請求上主的幫助。
8. 效法其他好爸爸。
9. 保持樂觀與絕不投降的態度。
10. 給家人全方位的支持。

另一方面，近年來在臺北推出的「爸爸學校」，是專門針對父職訓練而設立者，其相關內容及成效說明如下（王以仁、曾迎新，2010）。

　　臺灣的「爸爸學校」是由愛盟家庭文教基金會與臺北基督教真理堂，共同舉辦一連三天的臺灣爸爸學校課程，教導參與的爸爸學員們，明白自己在家庭中應有的使命及角色，並期許他們做到「爸爸活過來，家庭就活了」的地步。同時，透過爸爸學校的課程，讓參與學習者能訓練成為種子教師，並將此項課程在未來能擴及至全臺灣各地區。

　　愛盟家庭文教基金會為了避免高離婚率造成家庭破碎，且欲進一步重新整合與恢復爸爸的精神，而舉辦爸爸學校。在此離婚率繼續不斷攀升之際，家庭急速地崩解，而目前社會上不論是政治、經濟、文化、教育等方面，都極其混亂，因此爸爸學校就此產生。

　　當然，起源於韓國社區及教會的「爸爸學校」，特別要求教導爸爸們了解其在家庭中應有的角色。主要的課程內容包括：第一課、爸爸的影響力；第二課、爸爸的男性角色；第三課、爸爸的使命；第四課、爸爸的靈命；第五課、爸爸與家庭等。「爸爸學校」之目的是重新整合及恢復爸爸的精神，追求合乎聖經的爸爸形象，恢復已失去的爸爸權威，導正誤用的爸爸權威，使爸爸回到缺席的家庭。

　　尤其是在最後一天課程結束前，有一個學習心得分享發表會，開始時先由每一位爸爸學員替自己的妻子洗腳，這一幕真是萬分感人，也頗具震撼力。雖然，在此舉辦的臺灣爸爸學校非首次創舉，然而過去僅在某一教會試辦，如今在真理堂辦理，則是朝向讓參與學習者培養成種子教師，以為將來全面推廣來鋪路。

　　在爸爸學校的學習過程中，授課講師亦鼓勵參與學習的爸爸們，勇敢地將自己和原生家庭爸爸之間相處受傷害的歷程分享出來，藉由禱告及饒恕爸爸曾經帶給自己的傷痛，而得到內在的撫平與醫治。有參與的某位成員表示，由於爸爸在其成長過程中，每當面臨重要抉擇的時刻都成為「缺席者」，造成他現在和孩子的相處模式也是這樣；他希望能夠改善這樣的親子關係，陪著孩子一起成長。

貳、母職角色

　　「母職」（motherhood）是指作為母親的實際行為，及其衍生出來的社會性印象中作為母親或代理母親者，所應扮演的角色或實際從事的相關事務（蔡麗玲，

1997）。「母職」這兩個字，從字面上的意思來看就是母親的職責，「職」代表管理某些事物的意思，亦即有職務要執行，因此也表示一種「負擔」，所以如果有虧職守的時候，就必須扛起責任來；因此，母職可視為女人成為母親之後所扮演的角色內涵，舉凡所有與母親角色有關的工作，包含：生育、教育及養育等工作都在內。

　　長久以來，社會文化規範對於家庭中性別角色的預設並不相同，一般會將男性視為專職賺錢養家者，而將女性視為負責照顧、養育工作的人，因此對於兩性的親職實踐要求，也有很明顯地不同；因而形成兩性在親職角色上，確有不同的認知及責任感。同時，因著婦女大量就業所帶來的影響，亦使得現代的母親角色，由過去單一的家庭角色，擴展為雙重的家庭及職業角色，也帶動了現代父親在家庭角色上的轉變，由過去單一的職業角色，也逐漸投入家事及育兒的多重角色之中。

　　傳統上的親職角色對於父職與母職之定義是涇渭分明的，母親的角色被認為係養育子女，滿足子女對健康、安全、舒適與情感的需求，而父親的角色則是提供維持家庭所需的一切資源，即使參與子女的照料工作，也只是在教訓子女與陪子女玩耍這兩方面。也就是說，社會上對父母親角色的界定很顯然地採用了不同的標準，關於孩童照護的工作似乎一直是母親的專利，也就是說「母職」部分除了如同「父職」般的建立親子關係之外，母親還得完成其他照護子女的任務，才可稱得上是盡責。多數學者認為，母職是經由社會文化所建構者，可見母職是身為母親角色所應承擔的職責，其中包含有應符合社會所期許的母親形象，以及擔負養育及照顧子女的責任。在家庭中，母親扮演著舉足輕重的角色，必須同時經營夫妻和子女相處的各種關係。

　　母職的理論觀點，可以將其歸納分為母職天生論和母職後天學習論兩種。其中，母職天生論是從生物決定論來看母職，認為由於荷爾蒙及遺傳因素的影響，引領母親不知不覺地朝向表現母性的方向發展，鼓勵她們養兒育女並為家庭犧牲，因而母職是女性與生俱來的天職。而母職後天學習論則包括從社會學觀點及女性主義觀點來看待母職；社會學觀點認為，母親在教導子女的過程中，會不自覺地將自幼學來的性別角色認同部分傳遞給子女，因而造成母職的代間複製。母職是

由社會文化所建構，母職是相對獨立於父職的社會分工；在親職分工中，父親負責提供子女經濟支持，而母親則擔負照顧及養育子女的責任（陳靜雁，2003）。

　　另外，女性主義目前有五大派別（自由主義、激進主義、存在主義、精神分析、社會主義），這些不同派別的女性主義者對母職的看法大致可分為兩大方向：一為揚棄母職、爭取拒絕母職的權利；另一方向則是爭議作為母職所需的社會尊重與支持（黃怡瑾，2002）。由此可見，現代化的教育普及，性別平等和女性主義等之影響，對於多元建構的現代社會與家庭帶來的巨大衝擊，實在使人難以有效地加以因應。

參、父職與母職的有效訓練

　　2010 年 5 月中旬，筆者應邀前往四川成都參與「五一二汶川地震」重建二週年培訓課程時，曾去訪視災後重建的某一工作站。該工作站是位於成都地區彭州市通濟鎮花溪村的組合屋幼兒園場地，同時為地震災區的家長開辦了為期八週，每週一次二小時的「親親寶貝」親子培訓班課程。筆者去參訪的當天下午，正是他們培訓班的畢業典禮。

　　經筆者的了解，這是由成都甘泉教育機構的吳老師，每次由成都來回花三個小時車程親自來授課。他是參加過廈門關懷心理諮詢公司成都分公司所舉辦的「親親寶貝」種子教師的三天密集培訓課程者（這二個單位都參與五一二地震的災後重建）。

　　令筆者訝異的是，參與的成員都是家住臨時組合屋的農村受災戶，絕大多數都是母親，也有二、三位父親。說實在的，他們的知識水平不高，表達能力也平平，但參加這個「親親寶貝」親子培訓班後，卻能將所學實際地帶回家中，與愛人及孩子來互動，其成效卻十分的良好。

　　家庭成員及親子互動的基礎是「接納」。在「親親寶貝」親子培訓班的八次學習課程中，特別強調孩子的個別差異。父母要學習去接納與欣賞，且要懂得如何去表達及溝通，他們也一起共同研讀著名的繪本書——《你很特別》。期間的家庭作業之一，是給孩子寫封道歉信與告訴孩子我愛你，並學習同理、悅納、規

則與忍耐，希望能幫助孩子重新建立良好的自我形象。

參與該班的每一位學員都要簽署「親子承諾書」，其中寫著：

「……爸爸媽媽想告訴你，我們非常愛你。你是上蒼賜給爸爸媽媽最好的禮物，成為你的父母是我們極大的榮耀。爸爸媽媽承諾在有生之年，不是根據你的行為，而是因為你是我們的孩子這一身分來無條件的愛你、接納你。作為父母，我們深深的懂得，你是獨一無二的，我們將充分的欣賞並發掘上蒼賦予你的獨特性。爸爸媽媽將從你的身、心、靈三個層面來關愛你，把你培養成為一個全人都健康的孩子。你是我們生命中最為重要的一部分……爸爸媽媽將幫助你成為一個負責任的人，我們將根據原則而不是自己的感覺來管教你，好讓你一生走在正路上。爸爸媽媽願意盡最大努力，成為你心目中的英雄，陪伴你一同走過成長的歲月……」

從這個例子的分享當中，可以明顯地知道，今日華人的社會無論位在何處，都可以在父職或母職的親職角色上，給予有效的培訓與學習，藉此提升家庭中父母與孩子之間相處的和諧，進而達成家庭幸福、社會祥和之目標。

第二節　孩童的發展與適應

在親職的進行當中，為人父母者一定要明瞭孩子自幼到長大成人的發展中，其發展之意涵、階段與特性為何？同時，在此過程中有何艱難及關卡？當遇到困難及阻礙時，又應如何加以調整來達到有效地解決和因應？

壹、孩子發展的階段與特性

發展（development）是指，在個人一生中的整體成長歷程。人的身心發展具有以下四個特徵（郭靜晃、黃明發，2013；蘇建文等人，1995）：

1.發展是連續性的：個人的發展由嬰兒期經歷兒童期、青少年期、成年期、中年期，一直到老年期，每一個階段的發展都會影響其後各階段的發展。

2.發展是整體性的：人在身體、語言、智力、動作技能、性格、情緒，以及人際關係等方面的發展雖各自獨立，卻仍然會彼此交互影響，因為個體的身心發展是整體的（holistic），而非片面的。

3.個體發展具有可塑性：所謂的可塑性（plasticity）是指，個人在生活經驗中身心發展的調適能力。個人的身心發展除了受到遺傳因素的影響之外，同時也受到生活經驗的影響。年齡愈小，其可塑性愈大；而年齡愈大，則可塑性愈小。

4.個體發展受社會文化影響：人從出生以後在成長的過程中，往往會受到社會文化的影響。從個體生長環境的社會文化背景去分析，將會有助於了解其身心發展的特徵。

貳、影響個人一生發展的三大因素

綜合筆者從事教學、輔導與研究的三十年以上專業經驗，以下提出先天、後天、老天的三項因素，分別說明如後。

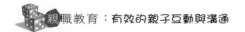

一、先天的遺傳

每個人的先天由其父母雙方得到遺傳基因的組合，都各不相同而有其獨特性。因此，孩童個人發展的歷程必然受遺傳因素極大的影響，個人不論再怎麼努力地認真學習，也無法突破其先天遺傳基因的限制。

教育學者專家經常強調，要幫助每一位學童更明瞭自己的特質與性向。如同一位中等資質的學生，絕對無法憑著補習或多加練習，就可以變成一位表現良好的資優生。

二、後天的環境

這就牽涉到教養的問題，透過環境的影響與學習，可使個人發揮其最大之潛能。無論個人的出身如何，只要後天有良好的學習環境及動機，就能達到頗高的成就。

然而，此一說法似乎與前者強調的先天遺傳有所對立，但目前許多教育或心理學者對此均採折衷的觀點，認為個人的發展乃是受到先天遺傳與後天環境交互作用的影響。

三、老天的命運

雖然，在正式的教科書中談個人的發展時，只會提到前述的先天遺傳與後天環境的影響，然而在實際的人生歷程諸多經歷中，必不可將冥冥之中老天命運的安排加以去除。筆者並非要提出怪力亂神之邪說，只不過人生當中確實會有幸運和不幸的差別；因而「盡人事而聽天命」，則可算是一個較為合宜的態度，也是親子互動溝通中，所不可欠缺者。

參、適應的本質

在此，要先釐清「適應」（adjustment）的本質與內涵。適應是個人藉著不同的技巧和策略，來有效因應生活中各樣挑戰的一種過程（Kaplan & Stein, 1984）。

其他的學者對「適應」亦有不盡相同的定義，筆者將其做一綜合歸納之統整，敘明如下（王以仁主編，2001；Kaplan & Stein, 1984）：

1. 適應是指個人與環境間的互動：人類的生活大都居住在家庭、鄰居、社區、學校及職場之間，所以適應就是指個人與環境之間的互動情形；其中，互動是一種相互的培養和影響，而環境則指個人外在一切與其有關的人、事、時、地、物。

2. 適應是一種雙向的過程：人們影響環境，亦受環境所影響，而雙向的適應觀點不僅更為合適也較具樂觀性。我們不但在順應環境，有時也應讓它來配合我們。

3. 適應的本質是動態而非靜態者：個人、環境及其之間的關係並非一成不變，往往在不同環境下對相同的事件，個人會因環境之差異而做不同的調適。

4. 適應是對生活具有控制力：一個人若能自由地選擇其所從事的活動，而非為責任或義務所迫，這種自主感將促其勇於追求有回饋且滿足的事務，而非籠罩在未知的恐懼中，無法尋求自己人生的目標。

肆、人生在心理社會發展中的八大衝擊

Erik Erikson（1902-1994）的心理社會發展理論，強調人際關係在個人一生自幼到老發展中的重要性。他將人一生的心理社會發展（psychosocial development）分為八個時期，而每一個時期都有關鍵性的課題，如果發展不順利就會產生心理社會危機。在此，扼要條列人生於心理社會發展八大衝擊中的危機與轉機（郭靜晃、黃明發，2013；蘇建文等人，1995；Erikson, 1983）；前者代表該段發展失敗所產生的結果，而後者則代表該段發展成功所產生的結果：

1. 出生到 1 歲：對人不信任 vs.對人信任。

2. 2 歲到 3 歲：懷疑羞愧 vs.活潑自主。

3. 3 歲到 6 歲：退縮內疚 vs.自動自發。

4. 6 歲到 12 歲：自貶自卑 vs.勤奮努力。

5. 青年期：角色混淆 vs.自我統整。

6. 成年期：孤獨疏離 vs.友愛親密。

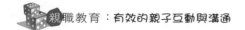

7. 中年期：頹廢停滯 vs.貢獻生產。

8. 老年期：悲觀絕望 vs.美滿圓融。

伍、從系統的角度看家庭與親子的問題

通常系統內還有系統或次系統，家庭是社區的一個次系統，且在家庭本身內部亦有組成的不同系統，而每個家庭成員將會不同地牽涉到其他成員。這些不同結合而成的次系統，是由個人、母親、父親、手足、親子、祖父母及父母等特別的部分互動所組成。環繞在這類次系統的界域是獨斷的，但有時他們也有功能上的價值，在其中他們在次系統中對那些個體限制了特別的任務，例如：很明顯地，有些父母特別的任務需要由成熟的成人（父母）來執行而非手足；這個次系統被稱為執行的次系統，由它在引導家庭內方向的角色。不同家庭將會有不同個體的運作在他們變化的次系統內，且每個家庭內和每個次系統內去描述個體行為不同的環境特別的部分是有可能的，這也就是經常所強調的背景與脈絡之考量。

為了辨別家庭如何做改變，了解家庭系統功能和在發展過程脈絡中做定位，是很重要的事。身為人類的一項挑戰，是去了解我們在家庭、族群、文化和居住環境中的地位及角色。為了做到這點，我們需要探究信念和建構，以便能解釋圍繞我們世界的意義。這些意義個體歸因於他們的活動由人類活動的社會化規則所組成，組織我們所了解的方式需要被帶進意識。

為了評估我們擁有的功能運作，我們需要系統化思考，而且這是很重要的，不只是為了在世界中我們身為個體如何運作，而是特別為了我們在這裡所從事的而努力，也就是對家庭當一個助人者。但想到家庭亦是一個系統時，對於家庭諮商師的期待是，必須針對那些顯現在諮商室的系統特徵開始慎重評估。

陸、家庭與親子問題的解決與調適

無論是家庭或親子諮商，雖然當事人帶來的是一個棘手的問題或困境，但諮商員的工作卻不是要替他們解決親子問題或打開家庭困境，而是要讓他們能自我

成長並產生較佳的溝通方式與能力，以便其自我突破家人關係或家庭生活的困境。所以，諮商的成功在於引導案主本身成長的過程，而非僅是著眼於達成某一項具體的結果。

對家庭治療師來說，他們在協助期間須將視野擴大到親子雙方的互動，甚至是親子的直接社會網絡以外之系統，以便能涵蓋每一成員所處的多層次社會生態中之「內在」觀點。問題的背景則包括對合宜或不合宜的社會行為，其信念的主觀價值與看法，而這些社會行為是來自於這一個體、家庭或家族所屬的主文化和次文化。

根據研究資料顯示，問題青少年大多來自於不完整的家庭，尤其是自童年就受到破碎家庭暴風侵擾的孩子。同時亦有研究指出，即使家庭結構完整，如果家庭成員間的關係向來不佳，彼此疏離、冷落與對抗，也會促使青少年產生問題行為。因此，從消極面來透過家庭諮商與家族治療，可在今日的臺灣社會廣泛而有系統地大力提倡；透過防微杜漸的從根本做起，加強親職教育的推行與落實，方可期待在溫暖家庭中培養出身心健全的個體，同時亦宜設法降低家庭與親子問題及其相關困擾的發生。

家庭系統觀點認為，透過評鑑一個人的整個家族成員之間的相互關係，最能夠了解這個人。各種問題症狀常被視為家族內功能運作不良的一種表徵，並認為這種型態會代代相傳。從當事人身上偵查到的問題，可能是家族如何運作的一種表徵，而不只是個體適應不良，以及心理社會化發展過程所顯現的徵候。此一看法根據的假設是：當事人的問題行為可能是源自於家族的遺傳；代表家族無法順暢運作，特別是家庭處於轉形期，或象徵著代代相傳、運作不良的型態。

家庭是社會的一小部分，家庭當然也是一個系統，每個成員都在系統支持下運作，且每一成員都會主動地尋找自己的搭檔，作為擋箭牌，以保護自己在家中的地位，這些被當作擋箭牌的可能就成為「被認定的個案」。也許他會鬧的家庭不可開交，也有可能是靜靜的自生自滅，通常家中也經常會看到這些人以自殺、離家出走來向人求救。同時，也應注意那些無聲音的家庭成員，他們往往才是最危險份子，身為父母者應隨時注意家中的每位成員（王以仁、林淑玲、駱芳美，2006）。

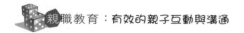

第三節 父母管教態度與方式

　　在華人的社會中，傳統上都強調「嚴師出高徒，棒下出孝子」，而家庭觀念則普遍遵循「嚴父慈母」的規則。然而，隨著時代變遷與「少子化」效應，家庭中在父母管教態度與方法上，已經產生了頗大的變革，以下將一一予以探究之。

壹、父母管教態度及方式的意義

　　根據社會學習論的觀點，家庭是個人出生之後第一個社會化的場所，故對個人的影響也最大。子女在與父母的互動中，學到社會的價值、父母的期望，更重要的是，父母的各種態度和觀念也都是藉由家庭傳遞給子女。

　　Bandura 認為，孩子一生所有的行為舉止是觀察、學習、模仿來的，因此特別強調「身教重於言教」，也就是成人的示範。由此可知，父母在管教時所展現的外顯行為或其行為背後所蘊含的價值、思想，都會對子女產生身教作用、上行下效，因此家長若期待子女在日常生活中表現出適當的行為與態度，父母本身在言談處事時，都應謹慎小心、以身作則。雙親的教養態度不但影響個體幼年時期的性格發展，更會延續至個體成熟後的行事準則。

　　人本心理學派是今日心理學界所稱的「第三大勢力」，其理論架構是源自於 Carl Rogers 的個人中心學派所強調無條件的接納與無批判性的尊重當事人。他認為，父母與師長常會用某些無效的（nonproductive）語言，例如：命令、威脅、訓示、指責和泛道德化等反應與孩子溝通，結果往往阻礙了親子及師生之間的溝通效果。倘若能夠改以主動傾聽、關懷、了解等正向方式來與孩子或學生相互良性溝通，使其能主動的思考、感受自己的想法與情緒，則能產生找出自己解決問題的正面方法（王以仁、陳靖允，2008）。

　　父母對子女的教養方式，在本質上是一種親子的交互作用，包括：父母的態度、價值、興趣、信念、照顧和訓練等行為，目標是為了子女的身心健全發展。楊國樞（1986）更進一步說明，父母的教養方式可說是「家庭訓練或教導其幼小

成員時所採用的社會化方式」，就內涵而言，教養方式同時包含態度與行為二個層次，前者是教養態度，後者是教養行為。

教養態度是指，父母在訓練或教導子女方面所持有的有關認知（知識、信念）、情感（情緒）及行為意圖（傾向）；教養行為是指，父母在訓練或教導子女方面，所實際表現的行動和作法。因此，在親子互動的過程中，父母親的思想、行為、態度等，皆透過教養方式傳達給子女，影響子女的人格與身心發展。

然而，國內有關父母管教之相關研究中發現，不同研究者所使用的名詞相當不一致，曾出現過的名詞包括：管教態度、管教方式、管教行為、教養態度、教養方式等。不論其所採用的名詞或定義為何，其內容皆為父母在教養子女的過程中所持有的態度與信念，以及所表現出來對待子女的方式；而父母教養態度同時也影響著子女的社會化發展。

貳、父母管教方式的內涵

管教方式的內涵與分類，大致上可分為單向度（single-dimension）、雙向度（two-dimension），以及多向度（multi-dimension）三類，其中以雙向度的父母管教方式之使用最普遍（黃巧宜，2014；劉淑媛，2004）。

雙向度父母管教方式，其基本概念是將兩個向度分別以縱軸和橫軸表示，兩軸交叉而成為四個象限，再將兩個向度分為高低兩層面並依程度劃分，父母的管教方式會傾向於某一象限中。最常見的是將父母管教子女的模式分為「要求」和「回應」兩個向度，並分別組成「開明權威」、「專制權威」、「寬鬆放任」，以及「忽視冷漠」等四種類型（王鍾和，1995；Maccoby & Martin, 1983），分別說明如下：

1. 開明權威型：係指父母對於子女的行為表現給予較多的要求、回應和接納，並能彼此相互溝通，以子女的意見為中心。

2. 專制權威型：係指父母對子女有較多的要求與控制，但對於子女的行為較少回應，並常拒絕子女的需求，以父母的意見為中心。

3. 寬鬆放任型：係指父母對於子女的行為較少控制，且對於子女的行為多有

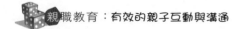

回應與接納。

4. 忽視冷漠型：係指父母對於子女的行為較少涉入情感回應，也對子女的要求甚少，較少感受到子女的需求。

上述的父母管教方式，也可整理後，畫成如下的類型圖。

		（父母回應）		
		低分組	平均數	高分組
（父母要求）	低分組	忽視冷漠 （低回應低要求）		寬鬆放任 （高回應低要求）
	平均數			
	高分組	專制權威 （低回應高要求）		開明權威 （高回應高要求）

參、父母管教方式與親子關係

以家庭來說，家是「小系統」的一種，「中間系統」為兩個小系統的連結，「外系統」為外在的環境脈胳，「大系統」是由外系統、中間系統、小系統間彼此直接或間接的互動影響；若因系統間的不適應而產生改變，則為壓力與危機的開始。

父母管教方式的理論若從心理學出發，則由關注孩子個體發展特性的「點」，進展至加入父母對孩子、孩子對父母等相互影響之「線」的牽引，最後總結而成為一個整體的「面」。也就是說，在發展初期，父母是孩子接觸最早，也是接觸最久的人，更是學習的主要對象，所以父母對子女的管教需關注孩子的個體特性，配合孩子的發展和成熟，再加上父母的身教給孩子學習和模仿，讓孩子在一個好的生態系統裡學習成長，方能健全地成長茁壯。

根據相關研究顯示，父母的管教方式和親子關係有關聯，尤其是當父母採引導型或開明權威型的管教方式，對於子女與父母之親子關係有顯著的正相關（蘇怡菁，2012）。

同時，研究發現不管是父親或母親，在管教孩子方面，大部分還是可分成兩

大類型：一為嚴格型父母，父母非常在意孩子要有良好的行為表現，但對孩子提出的許多要求也會盡力回應，以滿足孩子的需要（屬於開明權威型）；另一種則為放任型父母，對於孩子的行為經常是忽視不管的，不會對孩子做任何的要求，同時也不關心或回應孩子的任何需求（屬於忽視冷漠型）。而父母採取開明權威型的管教方式，則其孩童的品格表現較佳（何淑菁，2011）。

根據 Fincham、Grych 與 Osborne（1994）的研究顯示，當個體於早期家庭中遭受父母放任、冷落、拒絕或是遭受攻擊等負向經驗之影響，長大後面對不如意時，將會表現出較多的攻擊行為；甚至，父母一再疏於管教的結果，即是造成子女的攻擊行為之最主要因素。鍾思嘉（2004）指出，父母管教方式與子女偏差行為有極為密切的相關性。

肆、家庭中的生命教育

每一個人幾乎都是出生於家庭、成長於家庭，對於生命的體認最早也是源自於家庭。因著時空的間隔、文化的差異、宗教背景的不同，每個人都不可能得到對生命統一而相同的詮釋！就像從哲學、心理、生物、文學、宗教不同的角度加以探索生命，也會提出迥然不同的生命觀點！這些其實也不打緊，在這後現代化的多元時代中，不需要事事都統一；尤其針對生命教育（life education）只要有個可以接受與支持的說法，也就足夠了。

觀諸目前臺灣的複雜社會，青少年有升學競爭壓力，成年人有經濟不景氣與失業恐慌，老年人害怕子女不孝、生活孤寂，再加上大自然氣候的反常及政治上的紛擾不定，要想不愁煩、不疏離也難！因此，我們的社會正是到了應該積極鼓勵針對本土化生命教育加強推動的時候，尤其應該從小由家庭中開始推展生命教育，相信倘能假以時日的努力，必能在這方面開花結果，以便能更有效地發揮對生命價值的重視，不僅學會懂得珍惜自己的性命，更能做到尊重他人或周遭其他生物的生命才是！

另外，今日因物質文明的進步，使人不必為基本生活所苦，卻也同時面臨傳統的失落與變遷下的不確定性，活在充斥著似是而非的價值觀裡無所適從，動搖

了人生奮鬥的目標和意義。再加上當前的臺灣社會已經呈現多元與解構的面貌，層出不窮的社會問題所帶來的不安與動盪，均使人在面對後現代化建構論的社會體質中，感到相當的徬徨與迷茫。而珍視生命價值與重視生命關懷的生命教育，正可回應前述問題而帶來改變與希望之契機。

報載 2007 年 8 月下旬中小學開學的前一天，有位家住羅東的林姓學生，剛以頗優異成績考上當地的國立高職，正在等待開學，卻因為家人要他好好收心，將家中的電腦網路密碼更改，不許他再上網玩遊戲，使得他想不開而在家中燒炭自殺，遺書還提及要感謝網友陪伴他度過一個快樂的暑假。面對如此的自殺案例，家人與親友難免會扼腕與不解，有那麼嚴重到一定要結束自己生命的程度嗎？還是現代青少年抗壓能力真的太差？抑或是網路成癮害死人又再添一例！

許多自殺背後的原因都相當地複雜，「禁止上網玩遊戲」應該不會是自殺唯一的成因。現代人在每天生活中，難免會面對一連串的挑戰、挫折與壓力，再加上人的存在原本就有許多的限制及無奈，要想好好地積極活下去，確實不是件容易的事，這也容易會造成個人的「存在性寂寞」。若再加上人際關係不佳，缺乏親朋好友的支持，就會形成「社會性寂寞」。而生活中若沒有可以深交談心的密友，則更易產生「情緒性寂寞」。

看看林同學的情形，他的遺書中寫著：「我的人生已經快過不下去了，現在最後的依靠又失去了，除了死，我別無選擇，爸媽，很抱歉，你們的養育之恩，來世再報……」。再看到林同學就讀國中的師長曾說「他內向文靜，成績一向很好！」臺灣的孩子只要在「成績很好」的指標下，許多的問題都容易被大家忽略！「內向文靜」沒有關係，又不會妨礙到他人？何況「成績很好」在升學主義之下，就更代表了沒問題？或是有問題也應該不會太嚴重，而通常沒人會去關心注意！

其實，未成年的孩子在其生活中活潑好動與同儕打成一片，這才是正常的人際互動關係。經常上網玩遊戲難免會覺得有些浪費時間，但人非「聖人」、更不是「機器」，利用寒暑假期或週末假日休閒一番，絕對有其正面的功能！華人不分兩岸都有「業精於勤而荒於嬉」及「吃得苦中苦，方為人上人」等的傳統固著觀念，卻不知在多元文化的時代變遷下，所造成現代人的壓力實在太大了，往往是還未壓出成效就已經報銷了。

　　因此，作父母的應該學習從同理心出發，多去接納與傾聽孩子所說的話語，以了解其中的真正含意，並能體會出他說話當時的心情。也就是說，在親子溝通過程中，父母藉由專心、仔細去聆聽孩子的語意、語調，且觀察、接收他的相關行為語言，才能對其了解一二。以免因為經常生活在一起，加上彼此過於熟識，且其發言又了無新意，就很容易忽略去傾聽其談話。當孩子在講話時，切記不可隨意地打斷，無緣無故中斷他的談話，將會引起某些反感，甚至造成拒絕與你說話的後果。讓我們一起用同理心傾聽孩子的心聲，並陪伴其共同面對各種生活壓力；多利用機會與孩子聊聊個人的生命價值及生活哲理，如此方能協助其走出人生的陰暗面（王以仁、王聲偉，2007）。

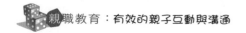

本章摘要

「父職」通常僅指父親與孩童的關係，這使得親職角色的認定上有很大的不同。再加上，傳統上一直將母親的角色視為女人的天職，這種母職天賦的迷思，使得母親就算外出就業，其撫育子女和家務處理的工作並不會因而減少；相對的，父親選擇性的幫忙照顧子女，卻被視為「新好男人」的表現。

今日，家庭中傳統性別角色的分工雖已逐漸被打破，而一般職業婦女在工作角色與家中母親角色面臨衝突時，則可清楚地看出，男性對家庭的付出仍無法與雙薪家庭的真正需求相互呼應，導致在講求兩性平權的年代中，仍無法在家務分工這方面達到齊頭式的平等。

暢銷翻譯書《我是好爸爸》一書中，其中有以父職（FATHERHOOD）的十個英文字母，提出當個好爸爸的十項要件：(1)家庭擺第一，與家人同樂；(2)在婚姻中全力以赴；(3)設定道德標準，保持謙卑；(4)真摯的愛；(5)成為一個僕人式的領導者；(6)讓家人關係更緊密；(7)請求上主的幫助；(8)效法其他好爸爸；(9)保持樂觀與絕不投降的態度；(10)給家人全方位的支持。

近年來在臺北推出「爸爸學校」，是專門針對父職訓練而設立者，其相關內容及成效亦佳。在爸爸學校的學習過程中，鼓勵參與學習的爸爸們勇敢地將自己和原生家庭爸爸之間相處受傷害的歷程分享出來，藉由禱告及饒恕爸爸曾經帶給自己的傷痛，而得到內在的撫平與醫治。

「母職」是指作為母親的實際行為，及其衍生出來的社會性印象中作為母親或代理母親者，所應扮演的角色或實際從事的相關事務。傳統上的親職角色對於父職與母職之定義是涇渭分明的，母親的角色被認為係養育子女，滿足子女對健康、安全、舒適與情感的需求，而父親的角色則是提供維持家庭所需的一切資源，即使參與子女的照料工作，也只是在教訓子女與陪子女玩耍這兩方面。

影響個人一生發展有三大因素，分別是：(1)先天的遺傳；(2)後天的環境；(3)老天的命運。而「適應」是個人藉著不同的技巧和策略，來有效因應生活中各樣挑戰的一種過程。「適應」的特性包括：(1)適應是指個人與環境間的互動；(2)適

應是一種雙向的過程；(3)適應的本質是動態而非靜態者；(4)適應是對生活具有控制力。人一生的心理社會發展可分為八個時期，每一個時期都有關鍵性的課題，如果發展不順利就會產生心理社會危機。

　　從系統的角度看家庭與親子的問題，家庭是社區的一個次系統，且在家庭本身內部亦有組成的不同系統，而每個家庭成員將會不同地牽涉到其他成員。這些不同結合而成的次系統，是由個人、母親、父親、手足、親子、祖父母及父母等特別的部分互動所組成。為了辨別家庭如何做改變，了解家庭系統功能和在發展過程脈絡中做定位，是很重要的事。身為人類的一項挑戰，是去了解我們在家庭、族群、文化和居住環境中的地位及角色。為了評估我們擁有的功能運作，我們需要系統化思考，不只是為了在世界中我們身為個體如何運作，而是特別為了我們在這裡所從事的而努力，也就是對家庭當一個助人者。

　　家庭系統觀點認為，透過評鑑一個人的整個家族成員之間的相互關係，最能夠了解這個人。各種問題症狀常被視為家族內功能運作不良的一種表徵，並認為這種型態會代代相傳。從當事人身上偵查到的問題，可能是家族如何運作的一種表徵，而不只是個體適應不良，以及心理社會化發展過程所顯現的徵候。

　　家庭是個人出生之後第一個社會化的場所，故對個人的影響也最大。子女在與父母的互動中，學到社會的價值、父母的期望，更重要的是，父母的各種態度和觀念也都是藉由家庭傳遞給子女。Bandura認為，孩子一生所有的行為舉止是觀察、學習、模仿來的，因此特別強調「身教重於言教」，也就是成人的示範。而教養態度是指，父母在訓練或教導子女方面所持有的有關認知（知識、信念）、情感（情緒）及行為意圖（傾向）；教養行為是指，父母在訓練或教導子女方面，所實際表現的行動和作法。

　　雙向度父母管教方式，其基本概念是將兩個向度分別以縱軸和橫軸表示，兩軸交叉而成為四個象限，再將兩個向度分為高低兩層面並依程度劃分，父母的管教方式會傾向於某一象限中。最常見的是將父母管教子女的模式分為「要求」和「回應」兩個向度，並分別組成「開明權威」、「專制權威」、「寬鬆放任」，以及「忽視冷漠」等四種類型。在發展初期，父母是孩子接觸最早，也是接觸最久的人，更是學習的主要對象，所以父母對子女的管教需關注孩子的個體特性，

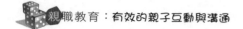

配合孩子的發展和成熟，再加上父母的身教給孩子的學習和模仿，讓孩子在一個好的生態系統裡學習成長，方能健全地成長茁壯。

班級／小團體活動

活動名稱：家庭歡樂時光

一、目的

　　1. 深入了解對方家庭的歡樂時光。

　　2. 促進成員間更多的互動與交流。

二、一般說明

　　1. 團體人數：8～10 人分為一小組。

　　2. 時間：30～40 分鐘。

　　3. 場地與教材：上課教室分小組進行。圖畫紙、彩色筆、桌子、椅子。

三、實施程序

　　1. 每位團體成員用彩色筆在圖畫紙上，畫出全部的家人與互動情形。

　　2. 每位團體成員說出近三個月內，家中發生過最親密與溫馨的一件事情。

　　3. 分享之後，團體其他成員可立即給予回饋，藉此讓成員間能相互有情感與經驗的交流。

問題與討論

1. 請以你自己的認知來界定何謂「父職」？並請列出當個好爸爸的三項主要條件？試分別加以論述之。

2. 「母職」的角色內容為何？現代與傳統在「母職」角色上有何區別？請扼要地加以比較探究之。

3. 試從先天、後天與老天三因素，來暢述其對個人一生發展各有何影響？

4. 依據 Erikson 的心理社會發展理論，其強調的發展中八大衝擊之危機與轉機有哪些？試一一將其扼要地列出來加以說明。

5. 父母管教方式與親子互動關係之間有何關聯？請以你自己的觀察或親身的經驗，來深入加以探究之。

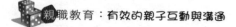

Chapter **4**
親子溝通與民主式的互動

┌─ **學習目標** ─────────────────────

※親子溝通的意義為何？

※親子互動關係的重要性有哪些？

※傾聽與反應技術的內容為何？

※如何扮演一個良好的「傾聽者」？

※溝通中的「開放式反應」與「封閉式反應」有何不同？

※溝通中最常見的不當反應有哪四種？

※自我表露的意義為何？

※「我訊息」表達的意義為何？

※「比馬龍效應」要如何應用於家庭中？

※「自然合理行為後果」的意義為何？

※家庭會議在家中要如何地舉行？

※在家中召開家庭會議的基本原則有哪些？

└────────────────────────────

不打小孩，就從今天起

隨著時代的變遷，許多傳統觀念都需要調整與變更。就如過去老一輩的觀點，所謂「棒下出孝子」、「嚴師出高徒」，到了二十一世紀的今天，這些觀點經過時代嚴格的考驗之後，也該加以修正或拋棄了！

記得過去筆者在外島服兵役的時候，軍中就大力推動「嚴禁打罵士兵」之規定，當時有這麼一段順口溜：「打在士兵的身上，痛在父母的心上，笑在敵人的臉上，記在政府的帳上」！現今，全球各國都極重視人權，且由孩童時期個人尊嚴的維護做起！捍衛孩子的身心健全發展，每位國民都在各自的崗位或角色上盡其心力；有時若能集結起來一起為孩子發聲，則能發揮更強大的民間影響力。

讓我們大家一起來響應4月30日「國際不打小孩日」（International Spank Out Day）的活動，藉此向社會大眾大聲呼籲，以啟發與勸誡來取代體罰孩子，並共同努力來達到終止體罰的最終理想。也期盼藉此呼籲能讓更多人知道，世界各地許多的有心人都在為孩子的人權而努力，並提供各種具體方法來讓孩子得到真正的關懷和尊重。

其實，最容易打孩子的常是父母及老師這二種角色和身分者，他們卻往往是孩子的貴人或重要他人。讓我們共同響應「四三〇國際不打小孩日」，今天先試試看開始不打小孩，也許過不了幾天就會發現，其實根本不需要打小孩；換個方式正面去與孩子溝通、應對及互動，其效果絕對會讓你大為滿意。

（本文係筆者在2007年4月30日，發表於《中國時報》第15版「時論廣場」）

上述文章提及，許多與孩子互動及管教的傳統觀念，都需要調整與改變；根本不需要打小孩，換個方式正面去與孩子溝通、應對及互動，其效果絕對會讓為

人父母者大為滿意。本章將分別針對親子溝通與互動關係、親子間有效溝通的原則與技巧，以及正向的鼓勵、掌握自然合理行為後果與召開家庭會議等部分，分別加以說明如後。

第一節　親子溝通與互動關係

　　親子之間的關係可說是各種人際關係中，最親密而較為穩定者，父母與孩子之間在先天上就擁有遺傳與血緣上的深厚優勢關係。親子溝通與互動在孩子的發展過程中相當重要，正向的親子溝通對兒童的依附關係、社交互動、穩定情緒、認知能力及品德等，都是不可缺少的；而負向的家庭溝通則和其認知、情緒及問題行為有很大的關聯。親子間若溝通好、互動品質高，則子女的自我概念、創造力均會較佳。

　　然而，隨著現代社會快速的變遷，家庭結構與倫理觀念也產生大幅度地改變，傳統的家庭功能日趨式微；面對日新月異的科技、e化時代的來臨，親子溝通也不再如過去一般，父母怎麼說孩子就怎麼做。現代的孩子也學會隨時表達自己的意見，因而親子間如何能進行有效地溝通，確實是為人父母者的一大難題。

壹、親子溝通的意義與類型

一、親子溝通的意義

　　溝通是構成人際關係的主要關鍵，也是家庭互動中不可或缺的要素之一。

　　兒童溝通行為的發展，受到早期家庭教育的影響，包括：親子互動、父母親對兒童溝通行為的回應態度等，其中又以 Freud、Sullivan 等心理學家皆強調，早期家庭經驗對個人日後人格發展的重要影響（王以仁，2001）。

　　溝通在父母與孩子互動之間相當重要，這是眾人皆知的常識。Olson 與 DeFrain（2006）指出，溝通的困難常是家庭成員彼此抱持著不同的溝通方式，所以親子溝通不應只著重在父母或子女單方面，應以親子互動的觀點，著重相互性的對應

與回饋。親子溝通良好，彼此的意見、情感、態度、喜好可以獲得交流，能促進親子間的互動了解；若親子溝通不良，則容易導致親子關係惡化與疏離，代溝與衝突即很難避免（林玉慈，1998）。

在此先就國內學者專家針對「親子溝通」共同的觀點，整理之後陳述如下（王以仁，2007；朱崑中，1996）：

1. 親子溝通為父母和子女間，藉由分享情感、意見、興趣，而覺知到彼此訊息的傳遞與交換之過程。

2. 親子溝通是親子間的互動，經由溝通歷程促進雙方了解，並提升親子關係的品質。

3. 親子溝通是親子間信念、情意、行為的互動過程，其過程包含口語的與非口語的表達。

4. 親子溝通是父母與子女使用有效的溝通技巧，協助家庭運作而產生家庭的凝聚力和適應力。

綜合上述，可以知道親子溝通是父母與子女間，在思想、情感、意見、態度、喜好等方面，透過口語或非口語的表達，並經由溝通的歷程，增進彼此之間的了解，並能提升親子關係。

二、親子溝通的類型

根據不同的研究方向，親子溝通的觀點型態也各有不同，在此整理相關文獻資料，將分為以下五種常見型態（張筱苓，2006；Maccoby & Martin, 1983）。

（一）防衛式與支持式

防衛式溝通（defensive communication），其特徵是評價的、控制的、冷淡的、傲慢的、支配的及意圖強迫他人等，此種溝通方式也會引起他人以同樣的防衛性溝通方式來回應；而支持式溝通（supportive communication），其特徵是建設性的、健康的、真誠的、平等同理的處理問題，是一種明確及建設性的互動。

（二）開放式與問題式

開放式溝通是一種正向的溝通方式，包含：同理、傾聽、支持等，能促使家人分享彼此的情感和需要；而問題式溝通則是一種負向的溝通方式，包含：批評、雙重束縛的溝通，致使家人之間不能坦然分享彼此的情感。

（三）權威式、溺愛式與和諧式

權威式親子溝通，是屬於上對下壓制式的溝通，亦為父母下令要孩子服從的單向溝通方式，會使孩子怨氣無處發洩，因而無法表達，會以畏縮、消沉或反社會行為等方式反應。溺愛式親子溝通，則是子女說什麼或要什麼，父母就照其要求回應，而使孩子無自制能力的為所欲為。和諧式親子溝通，則指父母與子女均能以理性態度表達自己的感覺和想法，彼此相互尊重及接納。

（四）討好、指責、超理智、打岔與一致型

在家庭中處於壓力的兩人之間，可能出現以下五種溝通的認知型態：

1. 討好型：對別人的意見沒有不同意的部分。角色表現軟弱、遲疑、自我貶抑，總是討好或逢迎取悅別人。

2. 指責型：對別人的意見都表示不同意，喜歡支配別人，只會發現別人的錯誤，常擺出責備別人的樣子。

3. 超理智型：不會與別人建立親密關係，常表現出自以為穩重、鎮定及冷漠的態度，並經常保持過分理性的態度。

4. 打岔型：談話不切題、沒重點，常表現出事不關己的態度。

5. 一致型：表現真誠，無論在內在思考、感覺和外在表情、言語等方面都很一致，能適當地直接傳遞訊息。

（五）談天式、談心式、資訊提供式與說服式

1. 談天式親子溝通：係最常用的親子溝通方式，不受時間、空間、話題的限制。

2. 談心式親子溝通：係建立在談天的基礎上，其功能在於了解子女內心的世界，以提供適時而必要的支持與協助。

3. 資訊式親子溝通：係提供資訊的一種教育方式，父母經由本身的經驗分享與資訊提供，協助孩子免於嘗試錯誤的學習過程。

4. 說服式親子溝通：試圖使子女接受父母的意見和觀點，但前提是要先做好談天、談心和資訊提供式的親子溝通，才能說服子女。

貳、孩子成長時期親子互動關係的重要性

個體性格的成熟與否，大半來自早年孩童時期人際互動情境的塑造，且其產生之深遠影響將持續一生之久。許多心理學家亦強調早期親子關係的重要，因那是個人最早接觸的人際關係，其適應是否良好，不僅會影響其一生的人格發展，同時也關係著日後更廣泛的人際溝通與適應。由此可知，在個體成長的過程中，父母的角色與影響確實是無可取代的！

親子關係除包含許多向度之外，更包含了親子之間相互影響的結果。高明珠（1998）的研究認為，父母與子女間的親子關係，是彼此心理交互反應的相互影響結果，而非單指父母態度對孩子具有的影響力，子女行為也將會左右父母對其的管教方式及態度；所以親子關係是雙向的互動，須從兩方立場去看待。

親子溝通是家庭溝通中的一環，只是親子溝通有特定對象──即父母與子女，且過程包含父母與子女溝通的頻率、內容及親子互動結構（Palan, 1998）。親子溝通的過程，除了可分享彼此間的內容外，更可顯示親子間之關係；親子間若溝通良好、互動品質高，則子女的自我概念、創造能力亦較佳（王以仁，2001）。

許多研究皆發現，親子關係與溝通對於個人的自我概念、各種行為表現、生活適應，以及友伴關係都有顯著的影響（李月櫻，1994；賴嘉凰，1999）。因此，親子關係的適應良好與否，將深刻影響個人及家庭。所謂的親子關係適應良好，是指親子間能夠相互信任、情感交流與友誼性交往；反之，若親子關係適應不良，親子衝突則多。以此推論，親子溝通不良引起之親子衝突恐將影響親子關係之和諧（王以仁，2007；黃春枝，1986）。

　　今日，隨著現代社會的變遷，家庭結構與倫理觀念也有著大幅度地改變，傳統的家庭教育功能日趨式微；因著現實環境的壓力，或個人問題處理不當、家人互動溝通不良，往往都會造成家庭悲劇的產生。

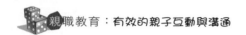

第二節　親子間有效溝通的原則與技巧

在關係的互動和溝通之中，最基本的形式為「二人間的雙向溝通」，且因著互動過程與功能的不同，分別扮演著「訊息傳送者」與「訊息接受者」的角色。當然，角色因著需要及功能的改變，也會隨之互換及變更，則是極其自然和常有的事。在二人溝通的過程中，傳送者的腦海中有其希望與別人分享的感覺或想法，這些都會受到訊息傳送者的身體特質、心理狀態、社會經驗、知識與技能所影響。

親子間的溝通，有不少的有效溝通技巧和原則。以下將分別針對親子之間的傾聽與反應、自我表露，以及「我的訊息」等方面，進行深入地探究及說明。

壹、親子間的傾聽與反應技術

二人之間溝通的基本要件，不外乎是「聽」與「說」二方面。以下將針對「傾聽」和「反應」的技術，分別加以探討。

一、傾聽的技術

傾聽（listening）係仔細聆聽別人對你所說的話，藉以了解其話中的含意，並能體會出說話時的心情。也可說是在溝通過程中，藉由自己專心仔細的聆聽對方的語意、語調，且觀察接收其行為語言。

在親子之間相互溝通時，往往因彼此過於熟識而忽略了「傾聽」的技巧。當家中成員在講話時，不要隨意地插嘴；無緣無故打斷他人的說話，將會引起對方的反感，甚至造成對方拒絕與你談話。

傾聽不只是閉嘴聆聽而已，同時還要讓對方知道你在認真專心地聽他說話，這代表了你對他的接納、尊重與關懷。所以，在傾聽別人說話時，還應加上點頭、微笑、輕拍他的肩膀、以關懷的眼神凝視對方等行為語言，以便讓對方知道我確實了解他所表達的意思。

在此，可進一步將「傾聽」界定為：以一種專注的態度來接收對方所發出的

所有訊息，其中包含了語文與非語文的訊息。而語文訊息的獲得，在於聆聽對方口語表達的用字、遣詞、語氣及聲調；而非語文訊息則需藉由注意其面部表情、神態、手勢及身體動作等方面，來加以了解。有效的傾聽，包括眼神的接觸及一些表明你正專心在聆聽的身體姿勢。

父母藉由傾聽技巧，能表達出對孩子的專注與關切。父母或許不完全同意孩子的想法、態度或行為表現，然而若能透過有效傾聽的技巧，則可充分地表達出對孩子的接納與尊重。

在溝通的過程中，如何扮演一個良好的「傾聽者」，可參酌以下七項來進行（王以仁，2006，2007）：

1. 經常維持與談話對方有眼睛上的接觸。

2. 面對訊息傳送者，並將自己的身體微微地傾向對方。

3. 以點頭或其他不會打斷其說話的方式，讓對方知道我能完全了解。

4. 忽略周圍任何會使你分心的事物，而專心於對方的談話。

5. 必須等到對方的表達告一段落之後，才提出自己的回應觀點。

6. 當有必要時，可要求對方進一步地說明與澄清。

7. 針對訊息傳送者所表達的言語訊息及情緒等是否接收無誤，可採摘述的回應方式來加以檢核。

在華人社會中，許多為人父母者，經常只會不停的教導、批評與責怪孩子，而不准孩子有不同或相反意見的提出；同時，也往往忽略了自己應該具有「傾聽」的技術。閩南語中有一句話，最能貼切地表達這種情形——「囝仔人，有耳無嘴」（小娃仔，只有耳朵可聽而沒有嘴巴來說）。事實上，在良性的親子溝通中，雙方應同時擁有表達說話與積極傾聽（active listening）的權利與義務。

二、適當反應

當我們在傾聽完了之後，通常會做適當的反應（response）。而在做反應時，我們會從接收訊息者轉換成發送訊息者。在此介紹同理的反應（empathic response），並討論有效的溝通者所應避免的不適當反應。

在同理的反應中，有二項要點須加以把握：其一，要能站在對方的立場，去

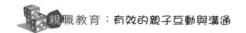

完全體會他的情緒與感覺；其二，要能以這種體認為基礎，以便做出合宜的反應。

同理的反應往往會是親子溝通中，最容易被忽略者；因家人之間的互動溝通，常忙於自我的表達，而忘了站在對方的立場去思考和體認。

另有一種恰當的反應稱之為「反映」（reflecting），是指：當父母藉由傾聽技巧，抓住及明瞭孩子的感受與令其有此感覺的原因後，宜給予孩子適當的「回饋」，使其確實能感受到被接納、被了解。反映就像一面鏡子，讓對方藉此能更清楚地看見自己。

綜合有效的反映與傾聽技術，父母或老師宜多採取「開放式反應」，而應避免「封閉式反應」。此二者最大的差異在於：(1)開放式反應：聽者（父母或老師）以接納孩子所說的話與感受，來肯定孩子擁有個人感受的權利；顯示聽者真正的了解與接納；(2)封閉式反應：聽者（父母或老師）以不接納、不了解的態度來否定孩子擁有個人感受的權利。

試引用以下四例來具體說明，針對孩子的想法與表達出來的言詞，老師或父母使用封閉式反應與開放式反應有何不同（王以仁，2001，2007）：

孩子的話	封閉式反應	開放式反應
妳是全世界最差勁的母親！	妳敢再說一遍看看！	你似乎對我非常生氣與不滿。
我就是不會做啦！	不要這麼快就放棄！沒志氣！再重新試一次！	你似乎覺得相當地困難。
我想多看點電視，過一會兒才上床睡覺。	幾點鐘啦！現在立刻給我上床去！	你很想再看一下電視。
我的級任老師好兇哦！	怕什麼！只要你用功聽話，老師就不會兇你。	你似乎非常怕你的級任老師。

綜合歸納來看，當父母或老師對孩子做出各種回應之前，應嘗試針對其問題情境，父母或老師應先判斷是誰的問題？若是孩子的問題，父母或老師可以用「反映技術」來表達；若係父母或老師的問題，則可以用本節末介紹的「我訊息」來加以表示或回應之。

　　一位高明的溝通者有時也會因反應不當而產生問題，但他們會在說錯話的時候，能很快地察覺而加以修正，也會在接下來的溝通中避免再犯相同的錯誤。凡是會導致人們強烈地自我防衛或使其自尊受傷，以及未能有效達成溝通目標的反應，都屬於有問題的不當反應（problem responses），在親子溝通中宜儘量避免這類反應的發生。

　　在溝通中最常見的不當反應有以下四種（王以仁，2007；曾端真、曾玲泯譯，1996），分別說明如後。

（一）不切題的反應（irrelevant responses）

　　這是指和談論的內容無關的反應，完全忽視了說話者所傳送的訊息。因為當人們說的話被忽略時，他們不只會懷疑對方是否有在聽他們說，而且也會懷疑他們說的話或其想法是否被重視，例如：當父母沒有專注於孩子的發問或表達時，就會產生某些不切題的反應發生。

（二）轉移話題的反應（tangential responses）

　　這種反應本質上亦是一種不切題的反應，卻是用比較圓滑的方式說出來，但仍然會使對方感覺自己所說的並沒有獲得應有的重視。在家庭中，當父母不想回答或討論孩子所提出的問題時，也經常會用轉移話題的方式來對孩子做反應。

（三）不一致的反應（incongruous responses）

　　這是指反應者的非語言行為和其語言訊息之間，有相當不一致的落差。口中所說的反應與其表情或態度不一致，甚至完全地相反，例如：做父母的一再對孩子保證不再追究、不會生氣，但他們的態度與表情卻正好相反。

（四）打斷式的反應（interrupting responses）

　　這種情形是指在別人還沒有把話講完之前，便立刻做插話的反應。當你打斷別人的話，對方可能以為你瞧不起他，因而引起別人的自我防衛；打斷別人的次數愈多，其傷害的程度也會愈大。在某些家庭中，當大人不想聽孩子說太多話時，

往往就直接會有打斷式的反應出現。

貳、自我表露

在有效親子或家人溝通過程中，有時亦需要某種程度的自我表露（self-disclosure）。通常自我表露即為分享或坦露屬於個人內心的自我成長經驗、個人的思想與情感。這種表露是個人原來不想被他人知曉的自我，而讓對方更深入地洞察自己，也可以因此而拉近二人之間的距離。

鍾思嘉（2004）在面對孩子問題的互動溝通中，就指出一般父母常扮演的七種傳統角色，其會影響親子間溝通之通暢，茲分述如下：

1. 指揮官的角色：有些父母會當孩子有負向情緒困擾時，採用命令的語氣來企圖加以消除，如此往往會造成孩子心靈的威脅，甚至阻止了孩子表達的勇氣。

2. 道德家的角色：有些父母會對困擾或沮喪中的孩子採取說教的方式，而讓子女覺得父母很嘮叨。

3. 萬能者的角色：此類父母會表現出一付無所不知、無所不曉的態度，甚至常會替孩子解決問題，反而造成孩子無形的壓力。

4. 法官的角色：父母扮演仲裁是非者，常會評價孩子的行為，甚至批判孩子的情緒。

5. 批評者的角色：此類型的父母與道德家、萬能者及法官類型的父母相似，都是標榜父母是對的、正確的，而此類父母則用嘲笑、諷刺、開玩笑、貼標籤的方式。其語言反而會造成親子之間很大的隔閡，無形中也傷害孩子的自尊。

6. 安慰者的角色：父母只是幫助孩子宣洩其情緒，而不是真正參與孩子困擾問題的探討及處理。

7. 心理學者的角色：心理學者的父母善於發覺孩子的問題，並加以分析、診斷，常告訴孩子問題之所在，而且會將問題歸因於孩子身上。

一般而言，對一個人的認識愈深，喜歡那個人的機會就會愈大。然而，自我表露的同時也具有冒險性，因了解太深或過於透明清楚，有時反而會讓人受不了。所謂「因誤會而結合，因了解而分開」，不也就是與自我表露息息相關！

　　家庭中的親子關係十分密切，父母應可針對適當的主題，在適時適地的情況下對孩子自我表露，例如：在青春期發展中的孩子，常有「性」方面的衝突與困惑；透過父母適當地自我表露，不但可以藉此對孩子產生某些開導作用，亦可做為孩子學習自我表露的最佳楷模，更可由此進一步拉近親子之間的距離，實在值得善加利用。

　　我們通常會因為擔心暴露個人的缺點，而不願意表現出很關心別人。其實，每個人都有自己的情緒，不論是否顯現於外，與人分享情緒都不是丟臉的事。當你能坦露出個人的想法和情緒，願意表明出來與人分享，這對於雙方彼此的互動溝通都有好處。

參、「我的訊息」

　　一般人在溝通時，往往較習慣於「你訊息」的方式，亦即常運用指責、批評與說教的無效而不理想之溝通方式。而「我訊息」（I-message）則是一種積極、有效的溝通，亦可稱之為「我……」的語氣表達（Gordon, 1970）。

　　「我訊息」大多用在師生或親子接觸和溝通中，而以心平氣和、就事論事的態度來與孩子互動。換句話說，「我訊息」僅在描述對孩童行為的感受如何，所說出來的是你（父母、老師）的感受，而非在責備或批評孩子或學生。

　　通常並不是孩子的行為本身使你不愉快，而是這個行為帶給你的影響。它干擾了你的需要或權利，而造成你情緒的不愉快。因此，可將「我訊息」分解成為行為、感受與後果等三個要素；但有時亦可將感受的部分加以去除，僅去描述孩子們的行為與行為後果，而沒有表達大人感受的部分，例如：「你們一直吵嘴（行為）簡直吵翻了天（後果）」、「你撞（行為）得我好痛（後果），我真的痛到快哭出來了（感受）」。

　　同時，「我訊息」除了在親子或師生溝通中使用之外，亦可用於情侶或夫妻的互動之中，尤其是在強調心平氣和、就事論事的表達，以免引發溝通過程中不當的衝突與障礙。因為，在「我訊息」的表達中，只提出了表達者的感受及引發的行為事件，在這過程中因未直接指責對方的不是，而較容易被人接受，其後續

的補救措施亦可由對方去設法解決。

「我訊息」之三個要素，在實際運用中亦可套入下列的簡單公式（王以仁，2007；王以仁、林本喬、鄭翠娟、呂奕熹，1993）：

　　．當你……（指出行為）
　　．我覺得……（提出感受）
　　．因為……（指出後果）

　　例如：「當你放學晚回家又不打電話回來時，我擔心你可能出事了，因為我不知道你在那裡。」

　　隨著時代變遷，家庭的結構與形式也有頗大的改變。然而，家庭對個人發展之影響，卻仍然是萬分的重要。二十世紀是人類發展中變化最劇烈而快速的百年，社會的主體形式由農業轉變到工商業，人們由鄉村部落散居的聚集，進入到大都會區的人口密集，家庭型態也由數代同堂的大家庭轉變成人口簡單的核心家庭。現今已跨入二十一世紀，資訊科學的蓬勃發展與個人自我追求的極端需求，必會導致此一新世紀中，在親子及家人關係與溝通方面所產生的問題與困擾，將會更趨於嚴重。

第三節　正向鼓勵、自然合理行為後果與召開家庭會議

壹、父母不要吝於給孩子讚美與鼓勵

　　家是孩子們情感的發源地，父母則是建立其自尊心和自信心不可或缺的重要一環。孩子將來成功與否，父母是有絕對的影響力。多數的父母都希望孩子能成龍成鳳，但很少顧慮到孩子的能力和興趣，只要其成績不理想或事情稍不順意，就會用刻薄、無情的負面言詞來批評或數落孩子。

　　其實，孩子們是最需要父母用愛心與體諒之情來教養他們。大人給的讚美愈多，其未來成功的可能性也愈大；尤其是曾經遭受過挫折和失敗的孩子，更迫切需要安慰、鼓勵與讚美。可是，有些父母認為孩子學好、做好，完全是盡其本分、都是應該的，沒什麼值得稱讚與鼓勵。如此這般吝於讚賞的結果，容易讓孩子誤認為父母不關心他而自暴自棄。

　　這就有如教育心理學中所提出的「比馬龍效應」（Pygmalion effect），其指出教師的期望透過師生間的交互作用而產生影響。其產生自我應驗預言（self-fulfilling prophecy）作用的途徑，係透過期望影響教師行為，進而影響學生的自我觀念，再影響到學生的成就動機。最早從事教師期望的研究中（Rosenthal & Jacobson, 1968），係以不實的資料告訴教師，某些學生具有較高的學習潛力，使其形成特別的期望，則期末測量時果然發現這些學生的學習成長較其他學生來得快些。

　　同樣地，父母也應把握適當時機發揮正面的「比馬龍效應」於家庭中。只要能在平日生活中多注意孩子的活動與努力，在符合其個人興趣與性向的學習中，當其稍有成就或優異表現時，就即時予以稱讚、鼓勵和肯定，將可引導孩子朝此正向途徑努力以赴，不但充滿自信而且動機強烈；假以時日，必定會有相當傲人的自我成就與自我實現。在臨床諮商輔導案例中，有許多原本智商高且能力強的孩子，到後來的發展未有較大成就的原因，大都是由於長期未能得到父母師長適當的讚美和鼓勵。

不必過於擔心孩子將來的發展與變化，只要父母能給予孩子足夠的信賴、讚美與正向期待，即使是一位失敗者也會因此受感動，而能再接再厲地努力邁向成功；反面觀之，若為人父母者不能給孩子適當的鼓勵與讚美，不就等於表示對他的失望與嫌棄，在此情況下又如何能期望他做出正面的成就表現呢！

貳、自然合理行為後果

所謂「自然合理行為後果」，就是指當孩子做的決定，父母親予以尊重及接納；如此可讓孩子有做選擇的機會，在合理安全的範圍內承擔自己行為的自然後果，孩子便能透過承擔行為代價來學習負責任的行為。自然合理行為後果，主要是由父母親提出可行的行為方案，由孩子自行決定要執行哪個行為，其執行的後果也是由孩子所承受。

例如：孩子禮拜六下午在看兒童節目，但難得享受週末休假的父母想睡午覺，兒童台歡樂的氣氛馬上干擾父母的睡眠，使用傳統獎懲方式的父母會說：「你電視太大聲會吵到我們，不要看了，把電視關掉，再看你就別想出去玩！」這個說法，讓孩子雖然很想看電視，但是為了出去玩，只好摸摸鼻子把電視關了（明顯逃避處罰）；而使用自然合理行為後果的父母則會說：「寶貝，我知道你在看電視，但是我和爸爸現在要睡午覺，你的電視音量會吵到我們，你可以把電視關小聲一點，或是到外面去玩嗎？」這個說法，孩子自然會自行做選擇，看是要把電視關小聲還是出去外面玩；因為是自己選的，所以他必須為自己的行為負責，這就是自然合理行為後果的真意。不是強迫孩子順從，而是鼓勵他們做負責任的決定，不論這個決定對自己是好的還是壞的，都要自己負責！

Alfred Adler（1870-1937）提出「自然合理的結果」，此一觀點相對於行為學派的懲罰而有所差異。當孩子出現不適切的行為時，行為學派通常的主張是懲罰，但懲罰的方式卻與行為本身沒有邏輯的關聯，例如：弄壞玩具、考試考不好，其結果是不許看電視或被打一頓。處罰通常會包含：(1)父母的負面情緒或肢體動作；(2)大量的口頭告誡、道德勸說；(3)限制孩子的行動或行為；(4)和行為造成的影響毫不相干。而懲罰也使被懲罰者落於不平等的較低地位，有損其自尊且易造成孩

子與權威的對立，或是使其自我價值感低落。

　　基於民主、平等與尊重，Adler反對懲罰孩子，而講求自然合理的結果：打翻了水，所以沒水可喝，這是自然合理的結果；電視看太久，功課便做不完，這是自然合理的結果；沒有檢查書包，因此忘了帶作業，這是自然合理的結果；東西隨便放，亂丟一通，當然遍尋不著，這也是自然合理的結果。

　　讓孩子看到行為和後果的關聯，並承擔行為的後果和責任，藉此訓練、培養自我負責的行為，規範自我，這才是對不適切行為的有效處理方式。當孩子已經經驗到行為後果，沒水喝、作業沒帶、東西找不到時，父母不必再處罰或說教，這會讓「合理自然的結果」大打折扣。

　　有人會詢問：「自然合理的後果和處罰之間有什麼不同？」在此分析以下八點來說明：

　　1. 首先，必須先將「孩子的行為」跟「父母自己的情緒」區隔開來，也就是孩子的任何行為，都不該成為父母生氣的「理由」；父母生氣的理由可以是孩子行為所造成的「結果影響」，但不是孩子的行為本身。

　　2. 接著，必須認同孩子的行為背後，都可能有著連孩子也不知道的原因和動機。如果是不當的行為，背後可能的四種錯誤目標因素為：(1)吸引注意；(2)爭奪權力；(3)伺機報復；(4)無法逃避。

　　3. 然後要了解何謂「不當的行為」？這「不當」不是父母說了就算，而是必須視當下的「情境」是否符合，例如：在浴室洗澡脫光衣服是「符合情境的行為」，但在公車上脫光衣服則是「不符合情境的行為」。孩子不符合情境的行為，通常源自於前述之錯誤目標因素。

　　4. 因為孩子做出不符合情境的行為（孩子自己本身並不知道背後的原因和動機），所以父母倘若「動用處罰」，對孩子來說就是對立與威脅，也是父母一種「有條件的愛」之展現。不符合情境的行為，就應該讓「情境」的自然後果或合理後果，由孩子面對與承擔（父母可視孩子年齡提供陪伴與協助，但面對後果的主角仍然是孩子）。

　　5. 自然行為後果是會自然發生的，不需要父母的特別安排和設計，例如：孩子拖到晚上十二點才睡，隔天睡到九點才起床，是自然的行為後果，父母沒有安

排和設計，也無需幫孩子承擔這個自然後果（孩子有可能到學校面對遲到而被老師指責的合理後果）。

6. 有時，自然後果是父母無法承受的，例如：孩子衝到馬路上，其自然後果可能會被車撞，這是我們無法承受的。這時就需要去設法規劃「合理後果」，期使這個後果和前面的行為必須有連結、有邏輯關係。又如：孩子吃飯速度很慢，媽媽因而說等一下不准看電視；但吃飯和看電視是兩回事，用來做為後果就變成處罰。孩子飯吃的很慢，合理的後果是媽媽不動聲色的收走即可，過一會孩子喊肚子餓，可讓孩子面對自然的後果，也可把剛才的飯菜拿出來加熱再吃。

7. 自然的後果可以讓它自然發生。而合理的後果則可以在事前，讓父母可以運用「我訊息」，讓孩子了解在某些情境下的行為，父母必須採取某些合理的後果來因應。

8. 執行自然合理的後果時，父母是沒有負面情緒的，甚至必須同理孩子、陪伴孩子一起面對合理的後果。

教育與教養的目的，在於讓孩子建立獨立判斷的能力，而不是帶給孩子恐懼害怕的情緒；過多的保護與限制，可能會扼殺孩子好奇、探索這項可貴的本能，但毫無規範與引導，又可能導致其傷害自己或他人。要幫助孩子發展「拿捏」的能力，最好的方法就是在合理的範圍內，讓孩子進行沒有危險的探索活動。透過這些經驗的累積，孩子對自己的能力、個性、成熟度，將會有更客觀且清楚的認知，對於行動後果也就能做出更精準的評估。因此，當孩子與父母的意見相反時，在合理的範圍之內，應和孩子討論出幾種可能的選擇，並讓孩子自己決定要採取哪一個方案。一旦孩子做了選擇，就放手讓他承擔這麼做所帶來的自然後果，或由父母親執行合理的後果。這種教養方式，能夠引導孩子體認自己的行動與後果之間的連結，強化孩子思考後果的意願與習慣。

以「自然合理行為後果法」教養孩子，指的是當孩子的行動導致不理想的後果時，父母往往會忍不住冒出：「你看，我早就告訴過你……」這類的話，對於培養孩子思考後果的能力來說，這種反應是最忌諱的。這時父母最好是同理孩子的難過和懊惱、後悔等不舒服的感受，緊接著再和孩子一起探討造成這個後果的原因。生活中處處隱藏了誘惑與危險，父母的接納、鼓勵與引導，能幫助孩子從

中學習成長，逐步養成「三思而後行」的習慣。

參、調整慣性與惰性

　　教育部在十年前曾針對管教學生方面做了一個非常明快的決定，就是徹底解除中學生的髮禁與鞋襪禁等，而獲得了廣大學子的歡呼！但當時，部分學校人員和家長卻是認為大大不可，非常擔心如此一來學生花太多時間在外表的整理上，會耽誤其學業，也唯恐部分學生趁機搗蛋，而弄出些奇奇怪怪的髮型與裝扮。

　　以襪子的問題來看，何以一定要穿「白襪」？常見的標準答案是因這是歷年來統一且一致的規定！其實問問四、五十歲的中年人就可證明，在 1981 年以前，中學的規定是「一律穿黑襪，違者記警告」！可見標準是會改變的，唯一不變的是統一穿著襪子顏色的規定。如果我們能將此種規定由「黑襪」改到「白襪」改到「雜色襪」，再進一步改到「任何一種顏色襪」，不就達到符合解除襪禁之精神與目標了。

　　「慣性」往往會使得許多師長和家長們要求與過去一樣的規範，而「惰性」則造成當初在「解除髮禁與鞋襪禁」的過程中，遭遇部分學校和家長以種種理由與技巧來對抗之，只要抬出「維持本校優良傳統與校風」作為因應即可！當然，教育部缺乏更多有效的說明與研討過程，導致許多學校無法心悅誠服地打破在這類問題上的「慣性」與「惰性」反應，也是其中的重要因素之一。

　　在此，舉個當時筆者親身接觸到的案例來加以探討（王以仁、陳靖允，2008）。一位當時臺北縣高二女生的母親告訴筆者，開學前一天她的女兒花了一下午的時間去西門町某個髮廊整理頭髮（這孩子是家中老二，曾於高一休學到髮廊作過洗頭小妹，因期間表現良好，當復學後回到髮廊消費時，每次仍收她員工價一律二百元），將整個頭髮染成「深棕色」，幾乎看不出來有染過頭髮！這位家長難免抱怨孩子何必這麼辛苦，弄不好又會因此和學校師長起衝突；但她的女兒卻表示，整個都染成深棕色又沒有太離譜，何況教育部不是一再要求各級中學，不得以學生頭髮或鞋襪不符規定來加以處罰嗎！

　　開學第一天，這位女同學就被某一訓導人員盯上，問她是否有染過頭髮，她

當然是一口否定，對方瞧了一陣子不太有把握，只好說先登記一下，請她事後再來複檢。回家後，父母問起學校對於這些髮禁與鞋襪禁問題有何說法時，女兒卻回答學校在這方面根本未提任何一個字（看起來是表面冷處理，私下再盯緊學生）；那關於要求去複檢的結果又如何呢？女兒答道，學校對這個問題既然裝傻我也就不理了！孩子父親也忿忿地說教育部不是明明規定這方面解禁了嗎？為何學校還來要求學生？難不成又是「說一套而做的是另一套」，並告訴女兒如果學校因此而處罰的話，一定會去教育部申訴！其後家長也曾打電話到學校詢問，其答案居然是「本校屬於縣立的完全中學而不是國立中學，必須遵照縣府教育局之相關指示，仍然不准學生有染髮與燙髮之行為」。如此看來，在這個問題上也出現了陽奉陰違或一國兩制的嚴重困擾！

其實，很多問題的發生多半出自於誤解與偏見。稍微來分析一下這個案例的背景即可發現，中學生正處於青春之狂飆期，其特性之一就是「反抗權威」，權威具體的代表在家中是父母與家規，而在學校就是師長與校規。因此，若對其要求的愈多愈嚴，則其反彈和反抗就必然會更加激烈！筆者的看法是：對他們要能多一點耐心與同理心，多溝通少要求，走過此一階段後自然就會海闊天空。而家長或老師們，經常容易忘了過去自己青春時期的輕狂歲月，再加上人性中的「慣性」與「惰性」，更會使得教育部一番解禁的美意，大打折扣！

肆、家庭會議的召開

在親子與家人的溝通與互動過程中，難免有些事情期望能聽聽大家不同的意見，或是部分需要凝聚共識的議題，都可透過召開民主式的家庭會議，來達到彼此之間良性的互動和溝通。

家庭會議（family meeting）的舉行，其主要目的在於討論全體家人共同的想法、建議、委屈、疑問及願望等，同時亦可藉此時機來計畫全家人的娛樂休閒活動，並且分享彼此愉快的經驗及相互間正向之感受。其次，透過家庭會議的召開，可讓家人間彼此能有機會聽到其他成員對於家裡發生之各種爭論及問題的意見，同時亦可增進親子之間良性的互動，並有利於家庭中每位成員在民主素養方面之

培養。

其實，今日社會不論是地方議會或是中央政府的立法院，開會時經常都是吵吵鬧鬧，更有以三字經或五字經等穢言相互辱罵，甚至大打出手者亦不算是什麼聳動新聞。何以我們國家的公民素質如此的普遍低落？這可由從小的家庭教育及親子溝通過程，缺乏相互的尊重及基本接納中，得以一窺其蹊蹺之所在。

因此，定期召開家庭會議，也提供機會來建立全家一起遵守的規則，達成重要的共同決策。藉此亦可表揚家裡的好人好事，指出個別成員的優點，進而增加家庭的和諧度。同時，應把握定期舉行家庭會議的原則，促使全家每一成員對此均有明確的承諾，願意共同分享或分擔家裡的相關事宜。而家庭會議的時間也應對每一位成員都是方便的，如果有任何成員決定不參加家庭會議，就必須接受缺席帶來的合理行為後果。

召開家庭會議是 Adler 學派針對教育父母的主要貢獻之一，透過此一方式可增進親子之間彼此的了解與接納，並改善親子間的關係（李茂興譯，1996）。同時，家庭中若能實施家庭會議，不但可以增進親子之間的溝通，並由其中學會相互尊重其他的家庭成員，且增進溝通、協調能力及對自己行為負責的機會，強化個體適應社會生活及符應人際社會關係之要求。

一、召開家庭會議的基本原則

針對家庭會議的召開，筆者歸納出以下八點的基本指導原則（王以仁，2007；王以仁、林本喬、鄭翠娟，1996；陳淑惠、王慧姚編譯，1984）：

1. 定期舉行會議、把握時效。何時或是間隔多久召開一次家庭會議，應該有一個共同的約定，以便每位成員都能事先預作安排，並且可以預期什麼時候會討論到他認為相當重要的問題。當然，每次家庭會議所需的時間，應維持在一小時以內為原則，但針對年幼的孩子則不宜超過三十分鐘。

2. 家庭會議的內容要有變化。開會最忌諱的是流於表面形式，每次家庭會議要能儘量把握重點，依實際需要分別可以採用鼓勵表揚、家規訂定或修正、計畫全家旅遊或休閒活動，作為不同家庭會議的進行重點，才不會使家中成員對家庭會議產生冷感。

3. 全家輪流當主席共同負責。一般而言，父母可以先當主席，以示範會議的正規程序，而後再與孩子們一起計畫全家人如何輪流當主席。當主席者須依照事先約定的時間開始和結束會議，且使所有的相關意見都有機會表達出來。已入學的孩童，只要在成人的指導之下，就足以勝任家庭會議的主席角色。

4. 共同訂定並遵守議事規則。任何的會議都須有其議事規則，包括：發言時間長短的規定、不同看法時如何折衷或表決、拒絕出席家庭會議或無故遲到的成員如何處置等方面。通常家庭會議的議事規則可比照一般性會議的規定，特別的議事規則可由與會的全體成員共同訂定，同時在家庭會議中要能遵守相關之議事規則。

5. 尊重每位成員的自我表達。在家庭會議中，每位家人在能遵守議事規則的前提下，均能充分享有自我表達的權利；對於正在討論的問題，每個成員都有機會提出個人的意見。尤其當孩子發言時，父母應予以尊重，且不宜再加上自己的說明或修改。特別是在早期開始實施家庭會議中，父母應讓孩子有機會完整地表示意見而不被打斷，這是很重要的基本原則。一旦民主的氣氛建立起來後，彼此才能更活潑、有生氣地在家庭會議中產生良性的互動。

6. 家庭會議若無法達成共識時可採多數決。家庭會議當中所討論的任何一項議案，若無法達到全體家人完全一致地同意者，最後可考慮以投票方式來議決，但仍需要遵守「少數服從多數，多數尊重少數」的原則。

7. 家庭會議的決議應大家遵守。家庭會議所決定的任何協議或決議，到下一次召開家庭會議以前都是有效的。當孩子們不遵守協議時，父母可以運用自然合理行為後果等方式來加以處理。當然，父母同時也應以身作則，確實遵守對家庭會議所做的決議與任何相關之承諾。

8. 家庭會議應有完整的紀錄。如此可使家庭會議中的討論重點、計畫與決議留下一份紀錄，且每次公布上次的會議紀錄，此有助於提醒家庭成員已經達成的協議及承諾。紀錄的角色如同主席一樣，可由家人輪流擔任（年齡太小而無法擔任紀錄的幼兒可免）。

二、家庭會議的功能及其實施步驟

以下針對家庭會議所能發揮之功能、實施步驟及其相關的注意要點，一一敘述說明如後（王以仁，2007；王以仁等人，1993）。

（一）家庭會議具備的六項功能

1. 聽到家人彼此的意見。

2. 公平分配該做的家事。

3. 計畫全家的休閒娛樂。

4. 彼此相互表達正向的感受與鼓勵。

5. 表達個人的想法、願望、疑問和牢騷。

6. 解決家人之間的衝突，處理家中一再發生的爭論與問題。

（二）召開家庭會議的主要內容與步驟

1. 宣讀前次的會議紀錄，回顧前次會議的討論主題及其決議（會議開始時亦可先唱「家歌」）。

2. 討論前次會議留下來尚未解決的問題，以及需要加以修改的決議。

3. 表揚家庭中發生的好人好事。

4. 討論新的主題與事務，並計畫全家的休閒娛樂或旅遊。

5. 總結所討論的要點做成決議，並清楚地徵得全家人實際實行的承諾。

（三）家庭會議召開的注意要點

1. 計畫每次開會所需要的時間，按照事先約定來開會，並應留出時間來表揚家庭中發生的優異表現，給予彼此成員機會去相互鼓勵。原則上，每月固定召開一次會議。

2. 所有參加家庭會議的成員一律平等，可輪流擔任會議主席及紀錄；且人人均應遵守會議達成的協議。

3. 家庭會議是一個解決問題的資源，應將重點放在全家可以做些什麼，而非

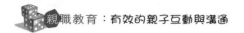

要求某一個成員應該做什麼；家庭會議的目標在於增進溝通與達成協議。

4. 在家庭會議中，父母應多利用溝通技巧中之反映傾聽及「我……」的語氣等技巧，使孩子能學習以更有效的方法與人溝通。

三、學習嘗試去召開家庭會議

任何事情或良好的意見，都宜採「坐而言，不如起而行」的積極態度！筆者在此提出個人多年來的相關經驗與看法，做為國人實施家庭會議的相關參考。家庭會議從筆者家中的二個孩子青少年成長階段起，實施了將近七、八年之久，基本上的成效相當良好，當然其中也曾中斷過一段時間；筆者覺得最重要的是能有規律地按時召開家庭會議，且成員能共同一致投入會議之中，並能維持有民主尊重的會議氣氛。

筆者過去在家中最初進行的家庭會議，係配合著基督教家庭崇拜聚會來共同進行。每個月原則上會有二次家庭聚會，也就是同時召開二次的家庭會議，通常會利用週末或假日時間進行，由各次輪值主席來做相關議程與內容之安排，而主席則由家中的四位成員輪流擔任。整個的過程大約四十分鐘到一個小時，前半段是家庭聚會（有讀聖經、唱詩歌、彼此分享與互相代禱），後半段則參考前述相關內容來召開家庭會議。經過數年來的努力，配合家庭崇拜聚會與家庭會議的共同舉行，在筆者家中確實發揮了不小的親子溝通成效。深切期盼能有更多的國內家庭，也能嘗試去召開民主式的家庭會議，必可進一步地增進家中親子間良性的互動關係。

總之，在人生中許多的發展階段與機會都僅止於一次，一旦錯過了就可能永遠無法修補。在孩子的成長過程中，做父母的千萬不要為了怕麻煩，而忽略或放棄這些可以跟孩子相處的自然時機。否則，孩子一旦進入青春期或青年期後，親子之間極容易產生磨擦，甚至彼此不說話而形同陌路。所以，還是隨時多多把握機會與孩子做良性的互動吧！

本章摘要

　　親子溝通是父母和子女間，藉由分享情感、意見、興趣，而覺知到彼此訊息的傳遞與交換之過程；也可說是親子間的互動，經由溝通歷程促進雙方了解，並提升親子關係的品質。

　　親子溝通的觀點型態有以下五種常見類型：(1)防衛式與支持式；(2)開放式與問題式；(3)權威式、溺愛式與和諧式；(4)討好、指責、超理智、打岔與一致型；(5)談天式、談心式、資訊提供式與說服式。

　　傾聽係仔細聆聽別人對你所說的話，藉以了解其話中的含意，並能體會出說話時的心情。也可說是在溝通過程中，藉由自己專心仔細的聆聽對方的語意、語調，且觀察接收其行為語言。

　　在同理的反應中，有二項要點須加以把握：其一，要能站在對方的立場，去完全體會他的情緒與感覺；其二，要能以這種體認為基礎，以便做出合宜的反應。同理的反應往往會是親子溝通中，最容易被忽略者；因家人間的互動溝通時，常忙於自我的表達，而忘了站在對方的立場去思考和體認。

　　另有一種恰當的反應稱之為「反映」，這是指當父母藉由傾聽技巧，抓住及明瞭孩子的感受與令其有此感覺的原因後，宜給予孩子適當的「回饋」，使其確實能感受到被接納、被了解。反映像一面鏡子，讓對方藉此能更清楚地看見自己。

　　綜合有效的反映與傾聽技術，父母或老師宜多採取「開放式反應」，而應避免「封閉式反應」。一般父母常扮演的七種傳統角色，會影響親子間溝通之通暢，包括有：(1)指揮官的角色；(2)道德家的角色；(3)萬能者的角色；(4)法官的角色；(5)批評者的角色；(6)安慰者的角色；(7)心理學者的角色。

　　「我訊息」大多用在師生或親子接觸和溝通中，而以心平氣和、就事論事的態度來與孩子互動。換句話說，「我訊息」僅在描述對孩童行為的感受如何，所說出來的是你（父母、老師）的感受，而非在責備或批評孩子或學生。可將「我訊息」分解成為行為、感受與後果等三個要素；但有時亦可將感受的部分加以去除，僅去描述孩子們的行為與行為後果，而沒有表達大人感受的部分。當父母或

老師對孩子做各種回應之前，應嘗試著針對其問題情境，父母或老師應先判斷是誰的問題？若是孩子的問題，父母或老師可以「反映技術」來表達；若係父母或老師的問題，則可以「我訊息」來加以表示或回應之。

教育心理學中所提出的「比馬龍效應」，是指教師的期望透過師生間的交互作用而產生影響。父母也應把握適當時機發揮正面的「比馬龍效應」於家庭中；只要能在平日生活中多注意孩子的活動與努力，在符合其個人興趣與性向的學習中，當其稍有成就或優異表現時，就即時予以稱讚、鼓勵和肯定，將可引導孩子朝此正向途徑努力以赴。

「自然合理行為後果」，就是指當孩子做的決定，父母親予以尊重及接納；如此可讓孩子有做選擇的機會，在合理安全的範圍內承擔自己行為的自然後果，孩子便能透過承擔行為代價來學習負責任的行為。自然合理行為後果，主要是由父母親提出可行的行為方案，由孩子自行決定要執行哪個行為，其執行的後果也是由孩子所承受。以「自然合理行為後果法」教養孩子，指的是當孩子的行動導致不理想的後果時，父母最好是同理孩子的難過和懊惱、後悔等不舒服的感受，緊接著再和孩子一起探討造成這個後果的原因。

很多問題的發生多半出自於誤解與偏見。中學生正處於青春之狂飆期，其特性之一就是「反抗權威」，權威具體的代表在家中是父母與家規，而在學校就是師長與校規；若對其要求的愈多愈嚴，則其反彈和反抗就必然會更加激烈！

在親子與家人的溝通與互動過程中，難免有些事情期望能聽聽大家不同的意見，或是部分需要凝聚共識的議題，都可透過召開民主式的家庭會議，來達到彼此之間良性的互動和溝通。定期召開家庭會議，也提供機會來建立全家一起遵守的規則，達成重要的共同決策。藉此亦可表揚家裡的好人好事，指出個別成員的優點，進而增加家庭的和諧度。同時，應把握定期舉行家庭會議的原則，促使全家每一成員對此均有明確的承諾，願意共同分享或分擔家裡的相關事宜。

━━━━━ 班級／小團體活動 ━━━━━

活動名稱：突破親子間的高牆

一、目的

　　1. 使團體成員能體認親子互動的類型與模式。

　　2. 找出親子衝突的解決之道。

二、一般說明

　　1. 團體人數：8～10 人分為一小組。

　　2. 時間：30～40 分鐘。

　　3. 場地與教材：上課教室分小組進行。紙、筆、桌子、椅子。

三、實施程序

　　1. 每位小組成員先列舉一個親子衝突的情境。

　　2. 針對每一個親子衝突情境，各自說出化解的策略或方法。

　　3. 共同整理出如何建立有效親子溝通的原則。

━━━━━ 問題與討論 ━━━━━

1. 請舉出個人常用的「傾聽」技巧有哪些？並說明如何能扮演成一個良好的「傾聽者」？請以你自己個人的經驗及觀點，來分別加以闡述之。

2. 在親子溝通中的「開放式反應」與「封閉式反應」有何不同？並請簡要的加以舉例說明之。

3. 請分別說明「我訊息」及「自然合理行為後果」之意義為何？請分別舉例來予以說明之。

4. 何謂「比馬龍效應」？此一效應要如何運用於親子互動之中？請深入加以論述之。

5. 家庭會議在家中要如何進行？並請列出在家中召開家庭會議的四項重要原則為何？請扼要的加以說明之。

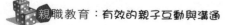

Part 2

實務應用篇

　　華人社會的傳統觀念，一直都強調「萬般皆下品，唯有讀書高」。使得在臺灣的親職教育重心以及親子互動焦點，幾乎都集中在考試和升學的範疇中。近二十年來，各種教改的口號甚囂塵上，並配合一連串教改措施，在教育制度、升學考試、教材教法等部分的不斷變革下，尤其是近來的十二年國教之推行，更使得家長與學生在亂糟糟的情境下，只有被迫接受的份！

　　其實，家長本身的觀點與作法，才是真正影響孩子成長與學習的關鍵！現今普通高中及技職教育升學的管道十分暢通，家長們實在不需要為孩子的升學與教育，如此這般地憂心與煩惱。孩子學習真正的效果，得視其個人的「性向」及「興趣」而定；換句話說，先了解孩子的聰明才智和其天賦才能之傾向，方能找到其興趣之所在。

　　在本書前面四章中，談論的都是關於親職教育的相關基礎理論，包含：整體概略的介紹、親職教育的理論與運用、親職教育的實施內容，以及親子溝通與民主式的互動等。進一步而論，為人父母者管教孩子本屬其應有之權利與義務，只是如何能適當應用且收到正面效果，都還得慎重地斟酌一二才行。作父母的教導孩子應該注意去「停、看、聽」，學習察言觀色並選擇適當的場合與時間來與孩子溝通，並要從同理心出發，多去接納與傾聽孩子所說的話語，以了解其中的真正含意，且能體會出說話當時的心情。

　　尤其，孩子的成長一旦進入青春期，即屬於青澀的狂飆階段，經常是為了反對而反對。同時，青少年的身心發展尚未成熟，對於許多與異性交往的態度及認知亟需父母的引導與幫助，若父母只是採用權威、反對的態度來面對子女，而不

能靜下心來與其溝通，只會使其偷偷摸摸、獨自探索，如此將會造成更大的傷害。此外，「性」與異性交往的議題是分不開的，正值青春期的青少年，在性驅力的誘動下，對性更充滿了好奇與困惑，此時父母與子女間對性議題是否能保持暢通的溝通管道，對於子女與異性交往的過程中在性態度及性行為上是有密切相關的。由以上可知，視為人際關係基礎的親子關係，對於青少年與異性相處與交往必有一定程度的影響。

因此，本書接下來在第二篇中，將針對親職教育的實施方法、學校親職教育實施之配合措施，以及性別與親職教育的實施等，屬於實務應用方面的三章，分別一一加以探究之。

Chapter **5**
親職教育的實施方法

※ e 化時代，主要的溝通管道為何？

※何謂「火星文」？家長要如何面對孩子的火星文？

※非語言訊息主要的溝通表達方式為何？

※何謂「超語言」？其包含的內容有哪些？

※何謂「空間關係」？人際間的親密距離要如何區分？

※「家庭聯絡簿」可如何善加運用？

※書面通訊在親職教育推廣上，可包含哪些運作方式？

※網路電子通訊具有哪些特性？

※如何善用網路電子通訊進行親職教育宣導？

※何謂「家庭訪問」及「班親會」？

※何謂「家長參與」？家長可以協助學校哪些方面的事務？

※何謂「親子活動」與「父母成長活動」？

給孩子一個愉快的童年

兒童節將至，根據新聞報導近來某一項針對兒童的調查發現：國小學童最怕的是考試、學美語，以及兩岸不和發生戰爭等。由此看來，雖然現代生活在物質方面頗為富足，多媒體和電化器材帶給孩子迅速且豐富的資訊與視聽享受，但孩子們依然不快樂，受著考試、美語等學習的壓迫！

日子真得如此這般地難過嗎？做父母的難道不想讓孩子度過一個快樂的童年嗎？這些無非都是受到國人長久以來競爭心態的作祟，害怕孩子會輸在人生的各樣起跑點，總認為「萬般皆下品，唯有讀書高」、「吃得苦中苦，方為人上人」、「只要功夫深，鐵杵磨成繡花針」……。我的天啊！孩子們，難怪你們的痛苦指數會居高不下！

筆者以多年從事教育與輔導的經驗提醒家長，功課的好壞最終歸因於聰明才智與學習動機，而各種才藝的表現也首重性向與興趣的具備，而非填鴨式地猛灌猛壓！就以考試來說，孩子何以會害怕呢？是因為擔心考不好會被父母或老師處罰，久而久之自然就害怕考試了！倘若大人們對學童能不以分數論英雄，依照孩子的程度來定賞罰標準，且能多獎勵而少處罰，這樣孩子就不會懼怕考試了！

而學美語應先考慮如何激起孩子的興趣與學習動機，絕不可送進那種只要求多背生字及趕進度的美語補習班，要讓孩子在愉快的遊戲過程中，自然接觸外語的學習。猶記得筆者八年前赴美進修時，小學二年級的女兒跟著去那讀一年書，一開始完全跟不上，筆者仍讓她自由地學習，並未施加任何的壓力！當時，美國的級任老師見她每天在學校玩得很愉快，有點擔心而問筆者對教學有何要求時，筆者回答：「希望以後女兒回到臺灣再碰到英文時，仍會喜歡讀英文！」事實上，等她在臺灣讀國中正式上英文課時，過去所學的幾乎忘光了，然因擁有以往美好的相關經驗而樂於學英文，至今英文都是她最拿手的科目！

家長們！人的一生只有一個童年，動動腦筋、請教專家，有效而適度的學習安排即可！更重要的是設法讓孩子有機會擁有愉快的童年經驗！

（本文係筆者在 2002 年 4 月 4 日，發表於《中國時報》第 15 版「時論廣場」）

　　由上述文章中，可明顯得知家長既想讓孩子度過一個快樂的童年，又擔心其課業成績會趕不上其他同學。其實，對孩子的教導和管教方式也是日新月異在不斷改變中，為人父母者實在需要隨時在親職教育相關領域中充電，才能在管教孩子上得心應手。同樣的，面對今日親職教育的實施方法，也有多元與多樣發展的趨勢。在本章中，將分別針對語言與網路電子通訊、家庭訪問、班親會與家長參與，以及親職講座、親子活動與父母成長活動等部分，一一加以說明。

第一節　語言與網路電子通訊

壹、語言的內涵與親職教育上之運用

一、語言表達的方式

　　在探討親職教育的實施中，必然無法迴避各種表達的方式和途徑。在語言表達溝通的方式上有許多不同面向的考量，包括：口頭與文字的溝通、正式與非正式的溝通、直接與間接的溝通、當面與非當面的溝通，以及公開與私底下的溝通。而在溝通互動中，亦有五項口語溝通的技巧，分別是：清楚而具體的自我表達、言詞精簡且條理清晰、真誠理性的表達並要棄絕謊言、經常發揮適度的創造力與幽默感，並要有勇氣去找機會多多發言以不斷的自我提升（王以仁，2007）。

　　跳脫過去傳統世代經常採用的固定溝通管道，例如：電話、傳真、信函等，在現今的 e 化時代，主要的溝通管道則有大幅的突破與創新，包括：簡訊、電子郵件（email）、臉書（Facebook）、Line 和 Skype 等。

二、火星文與親子互動溝通

語文是溝通的工具，而溝通以「達意」為條件，否則就會構成表達和閱聽者之間的障礙，故需要能夠遵循相當程度的普遍性原則。然而，新世代的年輕人善於使用另類的「火星文」，這也是家長們必須去學習與面對的。

語言強調實用與通俗，或謂語文本身即具備入境隨俗的修正彈性；正因為有些人看不懂火星文，故在網路以外的場所寫作時，應配合與對方溝通之目的而加以修正。若以創新的角度觀之，火星文不是不可能接受，它的豐富內容蘊含了某種程度的創意，經由意象上的連結、邏輯上的演繹，已稀釋跨場域的文化隔閡。因此，家長們若完全不了解或是不願意接納火星文，恐怕就會成為親子溝通的一大障礙。

三、非語言表達與親子溝通

非語言（nonverbal）訊息主要係指沒有語言的溝通內容，其中包括：面部表情、肢體訊息、超語言、沉默，以及空間領域等部分，以下一一扼要加以說明（王以仁，2007）。面部表情扮演著十分吃重的角色，尤其是眼睛，更是反應出所謂的「靈魂之窗」。單是靠臉部的表情就可至少傳遞十種情緒訊息：喜悅、驚訝、恐懼、憤怒、悲傷、嫌惡、輕蔑、興趣、困惑與堅決等。

眼神所傳遞的訊息，可以其注視的方向、持續時間的長短等而有所區分；當然這些表現方式在不同的文化中，也有其個別差異。倘若眼神接觸時間超出此一標準，則會讓人認為係特別有興趣或是帶有敵意；反之，若眼神接觸時間不及此一標準，則會讓對方認為是不感興趣、心不在焉或是害羞等情況。眼睛方向的不同也會透露某些訊息。若是三人以上的團體互動過程中，會以交替注視其他人的面孔，而非固定在某人臉上較為恰當。

肢體動作表示的方式與範圍相當廣，包括四肢訊息、體態姿勢等在內。有關手勢也有約定成俗的性質，除共通性質者外還需有因地制宜之考量。在體態姿勢方面，通常兩腿交疊、兩手交叉或是身體稍向後仰等，都顯示出與對方保持距離或是採取某種自我防衛的意思；反之，則表示想與對方接近，甚至對其頗具善意。

超語言所重視的是事情如何被說出來，在這當中特別注重聲音的特色及口語的干擾二部分。通常，聲音有四項特色，分別是：音量、音調、音質、頻率。這些特色單獨或共同交互作用，能支持或補充語言所傳達的意思。口語的干擾是指介入或中斷流暢談話中的語音。有些干擾會使人分心，有時還會使溝通為之中斷。

沉默是指不說話的情形，又可分為一直的沉默與突然的沉默。前者，可能是沉默者個人的特質，因其一向都不善於言詞而寡言；後者則往往係因為一下子突然感到個人受到威脅而無安全感，或是難以做抉擇而暫時中斷溝通，停下來思考判斷。

空間距離是針對人與人相處時，彼此相隔遠近所產生影響之探討，亦有人稱之為「空間關係」，可分為親密距離（從彼此實際接觸到相距半公尺之內）、個人距離（半公尺至一公尺之間）、社會距離（一公尺至三公尺之間）、公共距離（三公尺至七公尺之間）等四種。

在親子互動溝通之間，父母最容易學習而進步的，也是「非語言表達」這一部分。尤其是面對處於青春反叛時期的子女，家長往往說什麼都很難討好；此時如果懂得適度運用鼓勵支持的眼神、開放的身體姿勢、輕聲溫和的語氣，以及適時的保持沉默等溝通技巧，就能發揮意想不到的好效果。

四、親職教育中可多加強父母語言表達方面的訓練

基於上述的語言和非語言諸多技巧分析，再加上本書第四章第二節介紹的「傾聽與反應技巧」、「自我表露」、「我的訊息」，以及第三節介紹的「讚美與鼓勵」、「自然合理行為後果」、「召開家庭會議」等，都屬於廣義的語言表達之範疇，這些也是在親職教育的相關研習及訓練中，相當重要的核心課程。

五、運用書面通訊進行親職教育之宣導

文字的通訊與表達，是傳遞親職教育相關知識與技巧的根本方法。書面通訊在學校班級中，最常使用的就是「家庭聯絡簿」，這是班級導師與家長之間的基本固定溝通管道。家庭聯絡簿提供學校訊息及兒童學習狀況給家長，而家長也可以透過家庭聯絡簿來告知老師有關孩童的家庭生活情況。

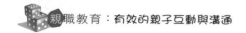

書面通訊還能具有親職教育的功能，可以提供父母有關親職教養的觀念與技巧。除了家庭聯絡簿之外，書面通訊還可以有以下不同的辦理方式：

1. 期刊式的定期刊物：定期刊物多由教育相關機構出版，其內容較為廣泛且通常每期會有不同的主題，可以討論父母對子女的教養、兒童發展、親子互動等多元議題，在本書第九章第一節中有更詳細的期刊介紹。

2. 定期或不定期的通訊或簡訊：簡訊或通訊（newsletter）係普遍為學校所使用者，它可以讓學校僅花費較少的經費，卻能達到與父母溝通的目的。因其形式為簡訊，所以提供的親職教育相關訊息，也會較為精簡一些。

貳、網路電子通訊

自從二十世紀九〇年代開始，網路與電子通訊如電子郵件（email）、臉書（Facebook）、Line 和 Skype 等，紛紛地介入了人類的生活，隨後即引發一連串不可逆轉的巨大改變，包括：閱讀、求職、工作、交友、戀愛，以及各種的人際互動溝通等範疇，幾乎全部都發生了徹底的大變動。

一、網路的特性

Shaffer、Hall、Vander 與 Joni（2000）指出，電腦網路使用之報償，包括：獲得資訊之價值、互動經驗的強化、競爭性、使用過程的權力感，以及新奇追求感的滿足等。Griffiths（2000）則提出了網路常見的特性為：便利性、可逃避性、社會接受性等。而林琬馨（2001）則認為，網路具有資訊性、互動性、匿名性、方便性，以及可接近性。綜合相關文獻，將其中重要的四點加以說明如下（王以仁，2007；林琬馨，2001；Suler, 1999）。

（一）可接近性

網路有別於其他媒介，能提供二十四小時全天候服務，使用者可以上網尋找與自己興趣符合的相關網站進行瀏覽、發表各種言論，甚至可以自設議題討論區。且因其可接近與方便的特性，使用者只要在家中即能安全無憂地藉由網路與他人

互動，甚至獲得色情資訊也無需擔心被他人發現，而產生超尷尬的情形。

（二）便利性

網路的使用地點通常是在使用者熟悉且安穩的環境中，藉由電子郵件、聊天室、新聞群組或是角色扮演的遊戲，可以很方便的提供與他人互動的機會。

（三）互動性

突破舊有單向的傳播方式，網路能提供高度的互動性，使用者不再是被動的訊息接收者，而可以選擇訊息，甚至反映訊息，達到雙向溝通的目的。因其高頻寬的特性能同時讓不同接收端的使用者同時進行動作，例如：能讀取傳送資料、發表意見、寄送信件及同步交談等。

（四）匿名性

網路的開放賦予使用者更多的自主與控制權，得以採用匿名方式搜尋資料，也能自由創作與傳播訊息，並能以「化名」的方式進入各種討論區，或與他人進行互動，例如：線上遊戲、聊天交友等。

二、善用網路電子通訊進行親職教育之宣導

由於網路的發達與普及，許多學校已透過網頁及電子信件，來與家長快速地聯絡與溝通。而各級學校中的「班級網頁」與「電子郵箱」，也各有不同程度的使用頻率和運作方式。

多元的媒體內容，透過網路亦是傳遞親職教育理念與技巧的有效媒介；尤其是網路的擴展性強，傳遞的速度與影響都是相當可觀的。不僅是學校，其他許多政府或非政府單位，大都透過網路的優點來傳遞許多親職教育的相關訊息。在本書第九章第二節中，即特別列舉國內公立的家庭與親職教育機構及其網站，並分為中央和地方單位二部分，有頗為詳細的介紹。

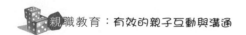

第二節　家庭訪問、班親會與家長參與

在親師互動及增進老師和家長對於學童的了解，或是在學校與家庭互動上，以及老師與家長的接觸等方面，較常見的就是本節所介紹的家庭訪問、班親會與家長參與等三項。

壹、家庭訪問

家庭訪問是學校與家庭間最傳統的聯繫方式。臺灣約在三、四十年前，國小級任老師幾乎每一個學期，都會到班上每位學生的家中進行一次家庭訪問，藉此不但可增進親師之間的熟識關係，並可了解學生在家中的概況，以及進行親職教育的直接個別指導。

筆者即親身體會於國小一年級時，班級導師藉由家庭訪問中的親師溝通過程，發現筆者偷家中的錢去學校賠償打破的窗戶玻璃，使得筆者人生中第一次正式的偷竊行為，在事發不到一週之內就被揭發而受到嚴厲地糾正，對筆者往後的品行表現有著非常深遠的影響。

然而，近年來由於社會及家庭的快速變遷，一般的學校和級任老師已經取消家庭訪問的作法，而改由電話、網路郵件的聯絡，或是家庭聯絡簿等方式，來加以取代了。其中最主要的理由，包括：尊重學生家庭與家人的隱私、減少對雙薪家庭家長的打擾、減輕級任老師的負擔，以及照顧到級任老師的個人安全等。

目前，國內在國中小階段針對較特殊而有需要的學生，仍然會進行家庭訪問。不過，這種情況下通常都會由學校的學務或輔導主任、組長，或是相關的心理師、社工師陪同，一起去進行家庭訪問。如此的大陣仗進行，其真實意義和發揮之功能也會極為不同。

貳、班親會

臺灣目前在國中小舉辦的班親會或是學校參觀日，就是傳統上稱呼的「母姊會」。因早年父親都在外工作，學校的相關活動在邀請家長參與時，幾乎均由在家照顧的母親或是較為年長的姊姊出席之故。

通常，各校的班親會以新學年開學一個月內辦理的情形最為常見，因為新班級與新導師，甚至是新的學校，一切都相當的陌生，藉此能彼此認識及溝通，成效相當的好。在班親會的過程中，往往會請出席的家長先集中在學校的禮堂，由校長介紹學校的各級主管，並由他們分別扼要地說明有關的業務，而後再將家長各自帶到學童的班級與級任老師相互溝通、交換意見。有些學校也會在這段時間，另外邀請學者專家來進行一場「親職講座」，以發揮更大之功效。

筆者二十年前赴美進修一年，家人也都一同前往。當時筆者的女兒剛進入當地小學讀二年級，就是利用開學之初的班親會，當地學校稱為「開放學校與教室」（Open House）的機會，能與她的級任導師交談，才得知女兒在學校雖然玩得很愉快，但在學習上則嚴重落後。經過級任導師的建議——平日設法加強閱讀，在班上的圖書角可多借幾本童話故事書回家去看，確實對其在語文上獲得了頗大助益。

參、家長參與

家長參與（parent involvement）是一種比較開放且新穎的方式，其內容相當地多樣化，可由家長參加學校或班級的各種活動、協助學童上下學的交通指揮，甚而參與行政工作或教學等，都可以視為家長參與。家長參與可以各種不同的方式進行，而其目的也必然會有所差異。

通常，家長參與可以使其對學校與教師有更多的了解與互動，也可藉此讓家長了解孩子在學校的學習狀況，並可進一步與教師相互合作、協助孩子學習，亦可間接地促進父母的親職能力與親子互動（周麗端等，2013；黃德祥，2006）。

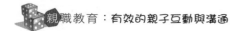

對學童而言，學校和家庭是最早接觸的兩個環境，當看到父母參與學校或班級活動、課程時，可以增加孩子的安全與信任感，對學校持正面的態度，有較佳的自尊、較高的學習動機；對老師來說，家長參與除了可成為支持教師教學的動力之外，教師也可藉此改善親師關係，讓教師對多元家庭及文化有更多的了解。

國內各級學校的家長參與形式有所差異，許多學校會邀請家長協助維護學生的交通安全，運用家長的專長與資源協助學校各方面的事務，例如：說故事媽媽、幫忙管理圖書借閱、協助維持校園整潔、戶外教學的協助、配合教學議題來運用家長的專長等。

第三節　親職講座、親子活動與父母成長活動

親職教育的實施主要是針對孩子的父母，以下將分別就目前常使用的親職講座、親子活動及父母成長團體等項，一一說明如下。

壹、親職講座

採親職講座方式傳遞親職教育相關內容的方式，可說是目前國內最常使用的基本教育類型。其主要目的是希望透過演講的方式，傳達給父母基本的親職教育資訊、觀念與技巧，但家長在這類教育活動中是處於較為被動的接收者。

親職講座一般的進行方式，是由學校或機構邀請親職教育方面的學者專家，來對家長或聽眾進行演講。主題可由主辦單位或是演講者來決定，時間長短則由一小時至半天不等，這得視辦理親職講座之目的而定；通常會在演講之後，接著有座談或是發問討論的時間。

親職講座的方式較屬於單方面的資訊傳遞，家長在眾多聽眾聽講的過程中，因直接參與性較低，而較不容易引起家長們積極投入的動機。因此，演講者與講題就會變成決定親職講座活動成功與否的重要關鍵因素。若欲更符合家長們的實際需求，可以先針對家長做問卷調查，以了解他們對親職教育的需求強弱，再決定最適當的演講主題。

貳、親子活動

親子活動主要是指學校或有關機構辦理的大型活動，一般來說，這類活動的娛樂性質較高，可以促進親子合作並增進親子間良好的互動關係；唯在這期間，父母較無法掌握或學習親職教育實際知能與技巧的機會。

目前常見的親子活動，包括：跳蚤市場、園遊會、親子闖關活動、親子體能遊戲，以及親子運動會等。一般來說，父母與子女都很喜歡參與這類活動，因為

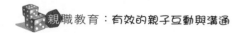

過程中較為輕鬆而有趣，可藉此增進親子互動的機會，但其教育父母的功能並不大。

親子互動學習課程，是近年來改善親子關係與溝通的實作性質之家庭作業；這類的親子互動課程通常必須親子共同參與，才得以發揮其實際功效。在此列舉「神奇五小時」的親子活動為例，並扼要加以說明之。

此一親子溝通活動課程在實踐上共分為五項活動，每週進行總計五小時，內容重點如下（王靜文，2007）：

1. 早上分離：確定你們（親子）在早上道別之前，你已經知道孩子當天要做的一件事（任何事都可以）。時間：一天兩分鐘（每週進行五天）。總計：十分鐘。

2. 回家相聚：一天工作結束，孩子返家，親子間一定要進行減壓性質的對話。時間：一天二十分鐘（每週進行五天）。總計：一小時四十分鐘。

3. 喜歡與欣賞：每天發自內心表達對孩子的肯定與欣賞，並進行優點轟炸（至少一項）。時間：一天五分鐘（每週進行七天）。總計：三十五分鐘。

4. 款款深情：你們（親子）在一起時，要親吻、擁抱、輕抓和撫摸對方。在就寢前一定要親吻一下（帶有寬恕與柔情），並相互說晚安。吻過之後，就忘記當天親子間有過的不愉快。時間：一天五分鐘（每週進行七天）。總計：三十五分鐘。

5. 一週約會一次：這是輕鬆自在維繫兩人（親子）關係的一種方式。利用這個機會詢問孩子一些問題，以充實兩人（親子）的親情地圖，並表現關心。時間：一週一次兩小時。總計：兩小時。

參、父母成長活動

近年來，國內關於父母成長方面的活動十分暢行，常見的有「家長讀書會」及「父母成長團體」，在此分別一一扼要介紹如下。

一、家長讀書會

這類的團體讀書活動，通常會由某些家長們自發性地組成，也有由機構所發起舉辦的。這是以共同閱讀某些書籍為基礎，進而加以彼此討論，或延伸探討與其相關的議題。家長讀書會的人數可多可少，且可自由進出與流動，屬於開放式的團體；但通常也不會是人數龐大的團體，如此較有助於相互之間的討論與交流。

二、父母成長團體

「父母成長團體」或是「父母效能訓練團體」，大多是以小團體方式呈現，並有一位團體帶領人，其主要目的是透過領導者與團體的力量，使父母獲得親職教育的相關概念與認知，以增進為人父母之能力或是改善夫妻關係，進而可實際改善親子互動關係。

通常，「父母成長團體」是以父母為主要招募對象，人數大多在十五人以下，並訂有一些特定的主題，團體之運作可能為期數週，也有以週末工作坊形式進行的；主題範圍包括：家庭議題、父母婚姻議題、子女教養議題等，議題方向可隨參與成員背景的不同而調整。

課程也有以親職教育模式為內容，進行方式可包含講授、討論、分享、角色扮演、影片賞析、實際練習等。「父母成長團體」因為參與成員的人數較少，所以參與者必須積極開放地投入團體的學習活動；父母除了獲得親職教育的相關理念與技巧外，還可以透過與其他家長的討論及交流，增廣自己問題的解決途徑，故此種親職教育的方式通常會較具成效。

在此列舉「幸福之旅婚姻成長教育課程」如下，藉此說明這類團體課程內容之樣態。此為預計八次的小團體課程，每次進行兩小時，每次由六～八對的伴侶參加。

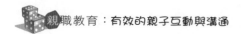

「幸福之旅婚姻成長教育課程」的內容主題名稱及單元目標

活動單元	單元目標	活動內容
單元一 認識自己與婚姻	1. 認識彼此。 2. 澄清成員對團體的期待。 3. 訂定團體公約。 4. 保密協定，團體形成。 5. 認識自己的優勢與限制，面對自己的狀態。	1. 暖身活動：你愛先生（太太）嗎？ 2. 「第一類接觸」。 3. 訂定團體契約。 4. 「獨一無二寶貝」活動。 5. 回饋與分享。
單元二 愛的探索：了解差異與衝突	1. 增進團體成員間的互動與信任。 2. 體驗及學習面對壓力，放鬆的經驗分享。 3. 理解面對婚姻的難題與選擇。 4. 了解男女差異與衝突。	1. 暖身活動：同心橋。 2. 拋開您的煩惱放輕鬆。 3. 天生我材必有用。 4. 「男女大不同」活動。 5. 回饋與分享。
單元三 和諧兩性關係：溝通與衝突處理	1. 重新與自己和家人對話。 2. 能省察自己的思維，標示自己的情緒。 3. 幫助對方了解自己的需求。 4. 讓「衝突」化為了解與溝通。	1. 暖身活動：棒打薄情郎。 2. 「情緒重擔與調解劑」活動。 3. 「無人島求生」活動。 4. 回饋與分享。
單元四 親密關係中的四大殺手和情緒調節的五大要訣	1. 能誠懇的說出自己的感受與需求。 2. 增加愛的語言。 3. 學會自我情緒調節。 4. 化衝突為溝通。	1. 暖身活動：誠心誠意。 2. 「讓愛加分」活動。 3. 親密的四大殺手與情緒調節五要訣。 4. 討論與分享。
單元五 愛的行動：發展情緒智慧	1. 累積愛的存款。 2. 愛的行動，日常生活小地方多關懷。 3. 表達自己對家人的情感。 4. 學習正面想法蓋過負面感受的高情緒智慧婚姻。	1. 暖身活動：真情告白。 2. 關係修復十大步驟。 3. 「愛的行動」：花藝小品與傳情卡。 4. 回饋與分享。

「幸福之旅婚姻成長教育課程」的內容主題名稱及單元目標（續）

活動單元	單元目標	活動內容
單元六 生活資源的運用與分享		1. 暖身活動：我愛幫忙做！ 2.「資源有限幸福無價」活動。 3. 回饋與分享。
單元七 姻親相處：不一樣的多采	1. 了解他（她）的原生家庭。 2. 增強對家庭人際認識與聯繫。 3. 與永久問題和平相處。 4. 拓展溝通支持管道。	1.「家的畫像」活動。列出自己和他（她）的父母個別的優點。 2.「同心圓」練習。 3. 回饋與分享。
單元八 幸福存款：家務分工	1. 協助成員訂定未來家庭發展計畫或展望。 2. 經由活動過程增進婚姻的幸福與信心。 3. 相互的祝福與回饋。 4. 團體結束的準備，成員與團體關係段落處置，幫助成員之間感情與支持的延展，達到婚姻成長之目的。	1. 暖身活動：支援前線。 2.「幸福銀行愛的存款」活動。 3. 回饋與分享。 4. 祝福與道別。 5. 填寫評價意見表。

綜合觀之，各縣市家庭教育中心經常舉辦各類的親職教育相關學習活動，根據筆者之觀察可分為以下五類，在此扼要介紹之：

1. 實施親子共學：利用機會安排一些全家一起的親子共同學習，除了知性內容以外，亦可進行全家人一起的體能與休閒活動。

2. 加入學習成長團體：由各縣市家庭教育中心、教育局（處）或社教單位所辦理的父母成長團體等。

3. 參加相關的讀書會：在相關社區經常辦理媽媽讀書會、企業爸爸讀書會，以及學校辦理的義工家長讀書會等。

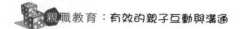

4. 投入社區學習營：社區常舉辦一些電腦、網路之研習，以及媽媽教室型態的英文班、插花班、拼布班等。

5. 利用網路資訊的學習：e世代電腦網路特別的發達，父母們可透過網路資訊的學習，經常到一些親職教育與新知型的網站，去多多吸收與學習。

本章摘要

在語言表達溝通的方式上有許多不同面向的考量，包括：口頭與文字的溝通、正式與非正式的溝通、直接與間接的溝通、當面與非當面的溝通，以及公開與私底下的溝通。跳脫過去傳統世代經常採用的固定溝通管道，例如：電話、傳真、信函等，現今的 e 化時代，主要的溝通管道有大幅的突破與創新，包括：簡訊、電子郵件（email）、臉書（Facebook）、Line 和 Skype 等。

非語言訊息主要係指沒有語言的溝通內容，其中包括：面部表情、肢體訊息、超語言、沉默，以及空間領域等部分。面部表情扮演著十分吃重的角色，尤其是眼睛，更是反應出所謂的「靈魂之窗」。單是靠臉部的表情就可至少傳遞十種情緒訊息。眼神所傳遞的訊息，可以其注視的方向、持續時間的長短等而有所區分；當然這些表現方式在不同的文化中，也有其個別差異。

肢體動作表示的方式與範圍相當廣，包括四肢訊息、體態姿勢等在內。有關手勢也有約定成俗的性質，除共通性質者外還需有因地制宜之考量。超語言所重視的，是事情如何被說出來，這當中特別注重聲音的特色及口語的干擾二部分。

親職教育中可多加強父母語言表達方面的訓練，包括語言和非語言諸多技巧，再加上「傾聽與反應技巧」、「自我表露」、「我的訊息」、「讚美與鼓勵」、「自然合理行為後果」、「召開家庭會議」等，都屬於廣義的語言表達之範疇，這些都是在親職教育的相關研習及訓練中，相當重要的核心課程。

書面通訊在學校班級中，最常使用的就是「家庭聯絡簿」，這是班級導師與家長之間的基本固定溝通管道；書面通訊還能具有親職教育的功能，可以提供父母有關親職教養的觀念與技巧。除了家庭聯絡簿之外，書面通訊還可以利用期刊式的定期刊物，以及定期或不定期的通訊或簡訊來進行。

電腦網路運用的四項特點為：(1)可接近性；(2)便利性；(3)互動性；(4)匿名性。由於網路的發達與普及，許多學校已透過網頁及電子信件，來與家長快速地聯絡與溝通。而各級學校中的「班級網頁」與「電子郵箱」，也各有不同程度的使用頻率和運作方式。

　　家庭訪問是學校與家庭間最傳統的聯繫方式。近年來由於社會及家庭的快速變遷，一般的學校和級任老師已經取消家庭訪問的作法，而改由電話、網路郵件的聯絡，或是家庭聯絡簿等方式加以取代了。目前在國中小舉辦的班親會或是學校參觀日，就是傳統上稱呼的「母姊會」。各校的班親會以新學年開學一個月內辦理的情形最為常見，因為新班級與新導師，甚至是新的學校，一切都相當的陌生，藉此能彼此認識及溝通，成效相當的好。

　　家長參與是一種比較開放且新穎的方式，其內容相當地多樣化，可由家長參加學校或班級的各種活動、協助學童上下學的交通指揮，甚而參與行政工作或教學等，都可以視為家長參與。家長參與可以各種不同的方式進行，而其目的也必然會有所差異。採親職講座方式傳遞親職教育相關內容的方式，可說是目前國內最常使用的基本教育類型。其主要目的是希望透過演講的方式，傳達給父母基本的親職教育資訊、觀念與技巧。

　　親子活動主要是指學校或有關機構辦理的大型活動，一般來說這類活動的娛樂性質較高，可以促進親子合作並增進親子間良好的互動關係。親子互動學習課程，是近年來改善親子關係與溝通的實作性質之家庭作業；這類的親子互動課程通常必須親子共同參與，才得以發揮其實際功效，例如：「神奇五小時」的親子活動，此一親子溝通活動課程在實踐上共分為五項活動，每週進行總計五小時。

　　家長讀書會這類的團體讀書活動，通常會由某些家長們自發性地組成，也有由機構所發起舉辦的。「父母成長團體」或是「父母效能訓練團體」，大多是以小團體方式呈現，並有一位團體帶領人，其主要目的是透過領導者與團體的力量，使父母獲得親職教育的相關概念與認知，以增進為人父母之能力或是改善夫妻關係，進而可實際改善親子互動關係。

　　各縣市家庭教育中心經常舉辦各類的親職教育相關學習活動，可分為：(1)實施親子共學；(2)加入學習成長團體；(3)參加相關的讀書會；(4)投入社區學習營；(5)利用網路資訊的學習。

班級／小團體活動

活動名稱：願意在家中改變的一件事

一、目的

　　1.讓團體中每位成員都能說出對自己家庭的期待。

　　2.藉此重新省思自己與家人之間的互動關係。

二、一般說明

　　1.團體人數：8～10 人。

　　2.時間：30～40 分鐘。

　　3.場地與教材：上課教室分小組進行。紙、筆、桌子、椅子。

三、實施程序

　　1.針對每位團體成員發給一張白紙，請他在紙上寫下一項對家庭的期待。

　　2.寫完之後，再一一邀請每位成員來分享或說明方才所寫的內容。

　　3.當一位成員分享之後，團體內的其他成員可適度地給予回饋。

問題與討論

1. 在今日 e 化的時代，請列舉三項你個人認為較適合運用於推廣親職教育之途徑，並分別加以說明之。

2. 在火星文溝通盛行之下，家長要如何調整來面對這方面與孩子的溝通？試暢述你的論點。

3. 「家庭聯絡簿」與「書面通訊」在親師溝通或加強親職教育知能上，要如何善加運用？請分別加以探究之。

4. 網路電子通訊具有哪些特性？這些對於現今的親子互動與溝通有何利弊得失？請深入加以探討之。

5. 何謂「家庭訪問」及「班親會」？在增進親師溝通或加強親職教育知能上，能如何運用此二者？請分別加以論述之。

6. 何謂「家長參與」？在家長參與方面，可以協助學校哪些方面的事務？試舉例加以說明。

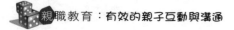親職教育：有效的親子互動與溝通

Chapter **6**

學校親職教育實施
之配合措施

學習目標

※ 2003 年 2 月 6 日公布實施的《家庭教育法》，其主要內容為何？

※臺灣在家庭與親職教育之規劃重點為何？

※學校擬定親職教育計畫時，宜慎重考量哪些重點要素？

※針對學生家長所做的親職教育內容調查分析的重點為何？

※何謂「學習型組織」？

※推動以學校為據點的學習型家庭組織之主要目的為何？

※利用以學校為據點的學習型家庭組織，其推動之整體規劃方式為何？

※以學校為據點的學習型家庭教育，其推動策略為何？

※以學校為據點成立學習型組織，應考量具備哪些條件？

孩子自殺，快伸出援手吧！

　　南部某國立大學三年級學生，因連續數天未到速食店打工，經聯絡其父親南下趕到租屋處，才發現兒子陳屍屋內。檢警勘驗且研判該生疑因功課壓力大，擔憂被退學而燒炭自殺身亡。說實在的，國內近些年來自殺個案已不算什麼大新聞。雖然，自殺背後的原因各有不同，但當自殺率如此快速地攀高之際，政府與社會實在不宜再表現出一副漠不關心的態度！

　　筆者常有機會在課堂上或演講中詢問聽講者，影響人生發展的三個「天」：先天、後天、老天，何者最具威力？答案幾乎都一致認為是「老天」！但在正式的學校教育或家庭教育中，可有人去教導孩子有關此一訊息的「生命教育」嗎？我們鄰近的日本為降低人民的自殺率，每年編列數十億元預算來設法因應，豈不值得吾人加以借鏡。

　　通常，成績好不好是主觀所論定者，倘若大人們對孩子能不以分數論英雄，並按其程度訂定要求標準，學習與成績將不再是生活挫敗與壓力的肇因者。今日，面對自殺案件發生後，不應只有一些與身亡者有關的聳動生活事件報導，或是訪問幾位心理輔導專家或精神科醫生來提出點忠告。政府相關單位，例如：衛生署、內政部與教育部等單位，應該寬列預算來積極推動自殺防治與生命教育的相關工作，以有效降低居高不下的自殺率。

　　別以為孩子在過大壓力下產生憂鬱與自傷的不幸悲劇，絕不會發生在我家。當孩子已經努力學習卻達不到預期目標時，就不該施加給他們更多的壓力，而應幫助孩子去接受自我，或尋找其他可行的替代方案才是！

（本文係筆者在 2008 年 7 月 7 日，發表於《中國時報》第 15 版「時論廣場」）

　　由上述文章中，明顯可知當孩子已經努力學習卻達不到預期目標時，就不該再施加給他們更多壓力；也別以為孩子在過大壓力下產生憂鬱與自傷的不幸悲劇，

絕不會發生在自己家，而必須隨時有警覺心去注意及了解孩子的心聲與情緒變化，讓家庭與學校一起共同合作來照顧我們的孩子。在本章中，將分別針對親職教育計畫之擬訂、親職教育工作分配與協調聯繫，以及以學校為據點的學習型家庭教育之推動等部分，一一加以說明。

第一節　親職教育計畫之擬訂

由於社會的快速變遷、家庭結構的轉變、社會價值趨向多元化，以及社會平等意識的抬頭，親職教育因時代背景而有不同的發展趨勢。就現代父母而言，傳統上「嚴父慈母」的養育者、教育者與管教者的角色，以及來自上一世代的經驗傳授已不敷使用，也無法適應迅速變遷社會的需要。因此，要成為成功的父母必須不斷的學習，由此可知「親職教育」應該是為人父母者需終身學習的一項課題，所以親職教育也可以說是成人教育的一環。

壹、臺灣近年來在親職教育上的規劃與實行

近年來，不管在政府機關或民間團體，都體會到親職教育的重要性及必要性。因此，臺灣地區在親職教育的推廣上，政府部門的有：教育部終身教育司、各縣市教育局（處）、各地區社教館與各級學校；民間團體則有：文教基金會、寺廟、教堂、婦女會、獅子會、家扶中心、世界展望會等，都在推廣親職教育。而且辦理親職教育的內容、方式也很多元。其中，最主要的有以下二大區塊。

一、《家庭教育法》

2003 年 2 月 6 日公布實施，2014 年 6 月 18 日修正公布的《家庭教育法》，計有 20 條。筆者僅就其與親職教育有關者扼要敘述於後（王以仁、曾迎新，2010）：

1. 推展家庭教育之機構、團體如下：(1)家庭教育中心；(2)各級社會教育機構；(3)各級學校；(4)各類型大眾傳播機構；(5)其他與家庭教育有關之公私立機構

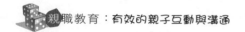

親職教育：有效的親子互動與溝通

或團體（《家庭教育法》第 8 條）。

2. 高級中等以下學校每學年應在正式課程外實施四小時以上家庭教育課程及活動，並應會同家長會辦理親職教育。各級主管機關應積極鼓勵師資培育機構，將家庭教育相關課程列為必修科目或通識教育課程（《家庭教育法》第 12 條）。

3. 直轄市、縣（市）主管機關應結合政府及民間資源，提供民眾四小時以上家庭教育課程，以培養正確之婚姻觀念，促進家庭美滿；必要時，得研訂獎勵措施，鼓勵民眾參加（《家庭教育法》第 14 條）。

4. 各級主管機關應寬籌家庭教育經費，並於教育經費內編列專款，積極推展家庭教育（《家庭教育法》第 17 條）。

二、臺灣在家庭與親職教育之規劃重點

因筆者蒐集相關資料的時間與範圍之限制，以下內容僅作為家庭親職教育的初步分析，也想藉此發揮一些引導的功效！在此，僅提出下列三項做為往後相關發展之建議。

（一）法令與經費要能落實

家庭親職教育的拓展，當然需要強而有力的後盾；政府相關法規及行政命令，一定要先規劃好走在前頭。當然充裕經費的支持，也是辦理家庭教育活動所不可缺少的。除政府預算外，若能善用一些文教基金會或非政府組織（NGO），將會使得這方面的教育更見成效。

（二）善用多元管道與方法

在今日多元的社會中，針對學校（幼兒園）主導的辦學模式、民間支持的爸爸學校，以及網路媒體支持的家長學校等；同時，要去設法整合相關資源，一同進行家庭、學校與社區間的合作，使學生與家長成為最大受益人。

（三）親子溝通可全面推展

雖然，多數臺灣家庭親職教育的觀念與教材都來自西方（如美國、英國），

或是鄰近的亞洲國家（如日本、韓國、新加坡）。然而，親子之間血濃於水的關係與親密，是全球一致的。從本書中介紹的「爸爸學校」與「親親寶貝課程」實施的成效來看，家庭與親子溝通的相關課程，應可全面而快速地在全國加以推展！

貳、學校訂定親職教育計畫的重點規劃

由前述筆者針對臺灣近年來在親職教育上的發展來看，以在高級中等以下各級學校所推動的內容，最為實際且豐富而多樣；不但每學年在正式課程外，實施四小時以上的家庭教育及活動，也經常結合學校或社區大型活動共同辦理。

在學校訂定親職教育的計畫前，需清楚明白親職教育內容的設計須以父母的需求為基礎，才能達成所要求的目標，也就是了解親職教育的需求為實施親職教育的前提與基礎，也唯有以親職需求為基礎去設計課程與活動，才能吸引家長的參與。

在學校擬定親職教育計畫時，宜慎重考量以下八項重點（王以仁、楊如蒼、王聲偉，2004；張淑芬，2002；鄭凱壎，2004）：

1. 了解參與對象的需求，方能辦理合適的活動或開設合適的課程。
2. 設法先調查學生家長參與親職教育活動最適合出席之時段。
3. 活動訊息的傳達需設法提早告知，且建立暢通的傳遞管道。
4. 教師可設計親子共同參與的活動或作業，鼓勵親子一起互動。
5. 教師可積極主動出擊，以書面、電話或網路等方式邀請家長參與。
6. 設計雙向互動的親職網站，可讓家長能隨時獲取親職方面之資訊。
7. 家長參與親職相關活動時，學校可另闢場所來安排兒童之活動。
8. 設法結合社區或鄰里的力量，甚至建立家長人力資源庫來協助學校。

第二節 親職教育工作分配與協調聯繫

壹、針對學生家長所做的親職教育內容與實施調查分析

1. 家長對親職教育整體的需求很高，對親職教育內容的需求以「養育子女相關的知能與技術」之層面最高（王以仁等，2004；李愛華，2002；張淑芬，2002；鄭凱壎，2004）。

2. 辦理親職教育方案已十分普及化，並以團體方式辦理者較多（王以仁，2003；張淑芬，2002；楊政勳，2000）。

3. 家長多半重視親職教育的實施，也肯定親職教育的功能（張淑芬，2002；楊政勳，2000）。在實施親職教育時，宜考量多元化的規劃，期能吸引更多家長的參與（張志鴻，2003；張雅卿，2009）。

4. 家長實際參與親職教育的情況仍不夠踴躍，未參加親職教育活動的原因甚多，以「工作忙碌沒有時間」為主要原因（李愛華，2002；張志鴻，2003；楊政勳，2000）。

5. 家長較希望利用「假日的白天」進行親職教育活動，時間以兩小時最佳（張淑芬，2002；馮潔瑩，2001）；而運用網路辦理親職教育，則是未來發展的趨勢（張志鴻，2003）。

6. 對親職教育實施方式的需求較為分歧。有使用「大眾傳播媒體──提供一般親職訊息」之層面最高（張淑芬，2002；鄭凱壎，2004），也有「親師聯繫溝通──使用家庭聯絡簿」之層面最高者（李愛華，2002；張志鴻，2003）。

7. 國小學童家長對親職教育個別實施方式的需求，依序為：使用家庭聯絡簿、與級任老師面對面溝通、進行家庭訪問、開放親職教育圖書、錄影帶等的借閱；對親職教育實施的團體方式，依序為：邀請專家學者演講、舉辦家庭聯誼活動、參觀或參與學校教學活動、舉辦家長座談會、開設一般課程、成立家長親職成長團體（曾春霞，1999）。

8. 國中家長參加親職教育的動機，主要為獲得親職資訊及交流，但動機需求不高，實施方式主要透過家庭聯絡簿來聯絡親師溝通（李愛華，2002）。

9. 高級中學學生家長參與學校親職教育活動的情形普遍不理想，且在頻率和次數上都較幼兒、國中小學童的家長少了許多，且參加者也以母親為主。家長偏好的實施方式以級任導師進行家庭電話訪問和舉辦家長座談會為主（馮潔瑩，2001）。

貳、學校與家庭教育等機構積極推動親職教育

1. 大力推動家庭教育二十學分班，編纂相關的家庭或親職教育教材，並進行「家庭教育專業人員認證」制度（王以仁、曾淑枝、楊如蒼，2005；周麗端等，2013）。

2. 建構各級學校的家長學習團隊，拉近家校之間的合作，更易於直接習得親職教育的進行方式與提升成效（王以仁等，2005）。

3. 針對弱勢族群進行家庭或親職教育，例如：監獄受刑人、原住民社群、新移民女性、隔代教養、育有弱智及身體殘障子女的家庭等（王以仁，2003；王以仁等，2004；鄭凱壎，2004）。

4. 重視父職在家庭親職教育中之重要性，且民間機構也積極辦理親職教育的相關活動，例如：愛盟家庭文教基金會與臺北基督教真理堂共同大力推動「爸爸學校」，其成效相當優異（王以仁、許忠仁，2008）。

5. 響應聯合國自 1994 年起的作法，將每年 5 月 15 日訂為「家庭日」；同時，將 5 月訂成「全國孝親家庭月」，並從 2010 年開始推動公開選拔「孝親家庭楷模」。同時，也將 2013 年訂為全國「家庭教育年」，也通過了家庭教育五年中程發展計畫（2013～2017 年）。

參、學校辦理親職教育規劃及運作方針

學校至今仍可算是規劃及辦理親職教育最多的單位，然其成效究竟如何，實

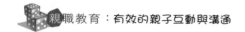

有待正式的調查與評估才可知悉。但在學校具體規劃及辦理親職教育時，倘能參考下列七項建議，將可獲得較佳之成效。

一、辦理親職教育活動應考慮家長的需求，彈性調整

在親職教育內容的安排上，需考量參與者的特性與其背景，不管是單親、雙親或是單薪、雙薪家庭，甚至參與者的年齡、職業等，都會有不同的需求，同時也要了解社會發展變遷的趨勢。因此，一般學校在推展親職教育活動時，若能事先進行需求評估，以了解家長的真正需求，再進行規劃活動或課程內容，如此才能吸引家長的參加，以達到辦理親職教育的目的。

二、充分運用大眾傳播媒體，以傳遞親職教育訊息

學生家長對於親職教育實施方式的需求，多以大眾媒體提供一般親職訊息的需求較高。因在目前生活忙碌的社會中，一切講求快速與方便，故在規劃親職教育的實施方式時，也應朝這個方向去考量。而妥善運用大眾媒體，可將多元快速的親職訊息傳遞給家長，同時也可不受時間及空間的限制；家長可依個人的實際需要，安排在家接受親職教育訊息或學習親職知能，例如：報紙、雜誌、網路資訊，都可隨時提供各類親職活動訊息；亦可策劃優良之親職教育的電視、廣播節目，甚至由教育單位規劃錄製親職系列的光碟或印製家長手冊等，都是實施親職教育的良好媒介。

三、親職教育內容與實施方式的充分配合

親職教育的實施方式可從一般親職資訊的獲得、個別教養問題的討論，到密集式的父母成長團體等方式，並得從「知」的層次，往上提升至「問題解決」及「行動」的層次。因此，在親職教育內容的安排上，也需隨著方式的不同而有深淺之分，從一般基本的認知觀念到具體的行為操作演練，到最後真正能去實踐。

四、建立兩性共同參與親職教育的觀念與作法

通常男性在參與親職教育的比例上很明顯的低於女性，這樣的情形可能係受

到過去男女角色及家務分工不同的影響。但隨著時代的變遷，男女兩性逐漸趨於平等，而且近年來婦女就業比例明顯提高，造成雙薪家庭大量增加，教養子女已經不再只是母親的責任，父職的角色也同等重要。因此，在父職教育的部分應多多宣導與提倡，建立兩性共同參與親職教育的觀念，並能落實於生活之中。

五、了解並增強家長參與親職教育之動機，協助其克服參與之阻礙

家長們參與親職教育活動雖有強烈的求知動機，但往往受限於時間及訊息不明之阻礙。因此，學校在推展親職教育活動時，應了解參與對象之阻礙，並針對這類問題給予協助，例如：訊息的傳播宣導、時間的安排等，甚至透過網際網路的傳播方式，將相關知識傳送到家。

六、充實教師親職知能與親師溝通技巧

教師接觸家長的機會十分頻繁，應設法具備良好的溝通技巧及親職相關知能，並能主動提供這方面的相關資訊，與家長建立良好的關係，達到愉快且密切的親師互動。特別是在教育改革與教育制度變遷之時，親師如能合作愉快，必能減少許多衝突與誤解。

七、掌握學校親職教育方案規劃的原則

在規劃與撰寫學校親職教育方案時，至少要包含以下六部分：方案緣起與目的、方案目標、方案架構、方案設計（主要內容、單元活動、教案、學習單）、經費概算，以及預期效益等。

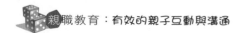

第三節　以學校為據點的學習型家庭教育之推動

　　面對二十一世紀終身學習的時代，特別講求持續不斷的學習；而在學習領域上則重視團體學習，而不再只是個人單獨的追求。透過團體組織的學習能彼此分享與討論，並可藉由共同學習培養一套新的思維模式，進而能有更多創意之收穫，倘能將這些回饋於家庭，就能逐步建構更健全的家庭生活。

　　學校應作為民眾社區學習的資源與據點，配合推動社區教育及家庭親職教育，且學校教師可提供最大服務，使學校成為最佳的活動場所，並促進家庭、學校與社區教育能共同發展。如能結合學校行政人員、教師與家長共同組成學習型組織，透過學校推動學習型家庭教育的相關活動，讓家長及附近居民能體認到家庭觀念及親職教育的重要性，以便能發揮家庭應有的功能。

壹、以學校為據點的學習型家庭之組織規劃

　　現代社會變遷快速，傳統社會的家庭教育方式已經式微，為了要扮演成功的家長角色，父母必須不斷學習，才能使家庭親子互動間達到和諧圓滿的目的。根據各項研究顯示，社會變遷中所發生的各種社會問題與家庭教育有密切關聯；父母對子女未付出妥善的關愛與照顧，家庭成員間未能習得合宜的相處模式，均易導致社會問題的叢生。

　　在此先釐清何為「學習型組織」？基本上，組織就是由人所組成的群體。身處於知識經濟時代講究知識的分享，組織成員願意貢獻心力，將內隱知識分享而共創組織未來，是需要被接納、被關心、被照顧與被尊重的。學習型組織是一種持續學習的組織，其學習資源不只侷限於組織內成員，其思考模式需兼具整體觀，對於問題解決是有能力的，且組織成員能彼此接納、相互坦誠與信任。其基本精神重視學習過程的經驗分享，以及成長過程的互動、合作、交流及溝通，能凝聚眾人智慧成為組織發展的動力；學習型組織不只是注重學習過程，亦須注重目標的達成。因此，可將「學習型組織」視為一個團體，此一團體善於創新、學習並

轉化知識，經由組織成員菁英式的學習及知能轉變，可促成一個團隊做必要的調整，以便能創造知識、運用知識、轉化知識，因而能持續其整體的生命力與適應能力。

　　同時，組織學習是從個人學習開始，進而組成小組或群體去學習；組織學習是一種過程，從組織中能獲取寶貴及受益的知識，學習來自組織與環境之互動，組織藉由先前對環境的觀察，來增加對事情真相的了解，繼而採取適當的行動，故組織學習係為促進長期效能與其生存發展。

　　而學習型組織主要在於組織成員透過組織之團隊學習，成員間有固定聚會與討論的機會，組織中培養成員的創造性與擴張性的思維型態，透過持續學習與成長，對自己在系統思考上及改變心智模式上都會有很大的改變與成長。透過組織的學習而達到學習願景建立的共識，組織成員能為共同願景目標而努力，以達到學習型組織之功能。

　　為促進家庭教育之專業化，並鼓勵社會各方資源與社區人士參與家庭教育之相關服務，乃推出以學校為據點，結合學校教師及家長共同討論規劃建立其學習型家庭教育的正向組織，並透過資源整合來推動學習型家庭教育之模式，且藉由組織學習活動增進參與人員的自我成長、家人關係與家庭學習之成效。

　　學校最大的潛在人力資源就是學生家長，我們可透過各縣市家庭教育中心之督導規劃，協助學校招募一些有時間、有能力及熱心的家長，協助學校推廣家庭教育相關活動，這將是很好的策略。這也是建構學校家庭教育學習團隊成立經營的主要目的，並為日後多元家庭教育學習網絡墊下良好的基礎。

　　推動以學校為據點的學習型家庭組織之主要目的，可分為下列三點（王以仁等，2005；曾淑枝、王以仁，2003）：

　　1. 使個人藉著活動的參與學習，透過家人相互的溝通管道及分享機制，間接養成家庭的學習風氣，並可促進家庭氣氛的和諧。

　　2. 有效運用學校場域，鼓勵學校家長及附近居民，共同參與學校辦理的家庭教育活動，以營造學校及社區良好之學習環境，提升附近居民的學習意願，透過學習有所成長，進而營造祥和社區生活的環境。

　　3. 積極建構學校家庭教育學習網絡，以激勵民眾學習的意願，進而促進學校

的學習風氣，提升生活知識的水準。

　　利用以學校為據點的學習型家庭組織，來推動之整體規劃方式，分述如下：

　　1. 透過大型宣導講座推廣活動，來強化教師專業素養，讓學習型組織的概念運用於教學、班級經營，以及家庭教育的推廣。透過學校志工團體之組織學習，讓組織發展得更健全。

　　2. 學校透過組織學習來推動學習型家庭教育活動，除教師外，還可運用社會資源、邀請學生家長，以及尋找社區有心人士，共同來推動學習型家庭教育，從而活絡學校與社區之間良性的互動關係。

　　3. 以學校場域舉辦相關活動，加強宣導學習型家庭教育的概念，並開拓多元學習管道，鼓勵家庭共學，全家總動員。

　　4. 以學校為據點之學習型組織概念，籌組推動學習型家庭教育組織推動之志工，並加強辦理學習型家庭教育相關活動人員的專業訓練。

　　5. 加強學習型家庭教育活動設計，並建立對活動成效的有效評鑑方法，以做為推動學習型家庭教育推動改進之參考。

　　6. 訂定獎勵辦法，依據執行成效，給予表現良好之家庭或個人獎勵。

　　由上可知，由於學校普設於各鄉鎮及鄰里，其推廣對象較容易掌握。透過學校內外相關資源的整合運用，協助學校家庭教育相關活動之推廣，讓以學校為本位之家庭教育工作能落實及順利推廣，以提升學校學習風氣及學習效益為主要目標。

貳、以學校為據點的學習型家庭組織之運作

　　以社會為中心的精神而言，學校、社區與家庭本是教育的三環一體，學校是正規教育的學習場所，也是國家社會作育人才的地方。惟依據《國民教育法》第15條規定，國民小學及國民中學應配合地方需要，協助辦理社會教育，促進社區發展之責任；又2002年6月甫公布之《終身學習法》，亦說明學校也是終身學習機構之一，依法應依其性質，加強正規教育與非正規教育之統整，故學校應作為民眾社區學習的資源與據點，配合進行社區教育及家庭教育的推動，且學校教師

亦可提供最大服務，使學校環境成為最佳的活動場所，促進家庭、學校與社區教育的共同發展。

　　對於學校辦理家庭教育之有利條件，林勝義（1995）曾提到，由於學校數量眾多且分布普遍，尤其國民中小學分布遍及全省各地，地點適中且深入民間，與當地社區關係最為密切；而學校教職人員的教育程度高且人才眾多，學校設備也是現成的，利用學校現有場地及設備（如教室、禮堂、運動場所），無形中能節省許多經費。對於偏遠、離島、山地等基本條件較差、文化資訊不足的地區，學校可說是當地社區的文化中心，用來辦理家庭教育是相當理想的場所。

　　整體而言，學校辦理家庭教育乃在補充學校教育之不足、擴張學校教育之功能。學校辦理家庭教育已超越傳統上只辦理學校教育之觀念，而將辦理家庭教育視為學校之職責。首先，針對學校推展家庭教育的可行方法，可從以下四個方針來著手（王以仁等，2005；曾淑枝、王以仁，2003）。

一、蒐集整理學校教職員工、家長、學生有關家庭教育課程之需求

　　1. 透過教師辦理學生家庭訪談，了解學生家庭教育的需求問題。
　　2. 透過學校辦理親師懇談會，邀請家長了解家庭教育的需求及問題。
　　3. 與家長會代表討論學校內的家庭教育問題。

二、規劃學校推展家庭教育之方案教材

　　透過學校教師家庭訪問及家長會討論所蒐集的各類學生的家庭教育問題，規劃設計各種學校家庭教育推廣之可行方案，以鼓勵學校家長參與活動，透過家長之參與達到學校家庭教育預防推廣的效能。

三、找出學校辦理家庭教育之相關資源

　　其實，校內具有專長的老師、有熱忱的教職員工，都是很好的人力資源。並可邀請有愛心、有時間、有專長的熱心家長，參與學校家庭教育的規劃及推動工作。同時，結合學校家長會之人力及財物資源，共同負責學校家庭教育工作之推動。

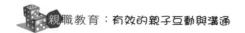

四、以學校為本位的家庭教育推動之效益

由於學校行政事務非常多，對於落實家庭教育推展工作，人力上又明顯不足。如何在有限的人力下能有效地推廣家庭教育工作，其最好方式就是結合社會資源來辦理家庭教育相關活動。由於學校除了教職員的專業知識背景，學校內也有許多家長具有各種專長背景，父母親最關心子女的教育，對於學校的學習環境，家長也會比較關心。

其次，針對以學校為據點的學習型家庭教育，其推動策略可從下列六方面來進行：

1. 增加學校相關人員、家長及社區人士對學校實施學習型組織的認識，並利用組織學習來探討與學習型家庭教育活動有關之方案，進而引起組織成員的學習興趣和動機，讓組織發展得更為穩固。

2. 利用組織學習共同討論學習型家庭教育活動之學習方式，並改善以往透過學校推動家庭教育活動方式的缺失，以達到學習型組織之發展。

3. 營造組織之「共同願景」，組織成員必須願意成為願景的推動者，對於願景的建立必須要有共識，讓組織成為學習團隊；成員會因喜悅去學習成長，而成為終身學習的志願者。

4. 運用系統思考的修練，來針對組織發展缺失找出問題所在，並謀求改進。

5. 成立學習團隊，經由「團隊學習」及「深度對話」的策略，來改善組織成員的心智模式，而願意邁向自我超越的境界。

6. 對學校推動學習型家庭教育的相關活動，必須逐漸設計評鑑制度，以掌握進度及確立檢討改進之因應措施，以做為後續推動活動實施之參考。

因此，筆者認為，以學校為場域來推動學習型家庭教育模式，必須鼓勵學校家長及附近的社區人士共同參與推動學習型家庭教育活動，並組成學習團隊來帶動學校之學習風氣。組織成員可從「學習如何學習」到「團隊學習」的歷程中，重新建立組織的學習文化。學校宣導學習型組織，可透過志工組織、家長委員會的宣傳，讓學校家長及社區人士了解學習社會的來臨，學習已成為個人生活的一

部分；學校也可透過活動的策劃實施，讓家長感受到建立學校學習型組織的環境是一種新的學習開始，透過學校團隊學習的順暢運作，將使其組織發揮最大之學習功能。

參、發展學校成為家庭教育學習網絡的據點

學校要建立全方位的家庭教育推展，除了研擬及推動各項行動策略，要求其經營能求新求變之際，更應從家庭教育本質的省思與良好方案的規劃著手，以建構家庭教育的完整樣貌，作為實踐的指引。

合作網絡是指藉由不同主體長期協同合作下，關係的建立與運作，以形成緊密連結的有機組織型態。學校要成為家庭教育學習網絡，必須從「由上而下」轉變成「由下而上」的合作關係。網路社會強調的是水平的互動模式、權利與資源相互依賴、分享的行政與社會互動關係。為落實學校家庭教育推動之服務，學校與家庭可成為一種合作夥伴關係，其主要目標在激勵家長參與、改善學校學習氣氛，鼓勵家庭成員提升積極學習的意願及態度，透過父母積極參與學校推廣之教育與服務活動，帶給子女正向的人生態度，轉換成為在孩子身上能努力學習、向上提升的一股力量。

學生家長願意參與學習成長活動，可利用學校場域辦理各類家庭教育成長活動，透過活動的參與來凝聚學校與家長的情感，進而成立學校家長學習型組織團隊，組織成員可以發展夥伴關係建構學習網絡為其目的，並讓家長的學習能有所延續及進步。透過學校的家長學習型組織團隊，能提供良好的學習成長環境，並增強家長的問題解決能力，促進他們的分享及溝通能力，發揮最大之綜效。

由於學校組織成員的知識水準高，其成為學習型組織應屬必然，且最易顯現成效。以學校為據點成立學習型組織，應考量具備以下四項條件（秦夢群，1999）：

1. 具體可行的目標：使組織內成員能夠清楚了解組織方向，而目標的設定則由領導者與成員共同討論產生。

2. 好的組織文化：使得成員能共同建立願景，以達成團隊的學習目標。

3. 流暢的資訊系統：使成員因資訊的完備而做系統性思維，並能不斷反省與思考。

4. 自我超越的個人：組織若想擁有強大的競爭力，成員自我超越的意願極為重要。成員在鼓勵創新的團體中，互相衝擊以改變既存的心智模式，能促使組織脫胎換骨。

發展學校成為家庭教育學習網絡，可使學習型家庭對於家庭氣氛和諧的維持，以及提升家庭教育功能等方面，均有頗大的助益。同時，學習型家庭成員需要對學習有積極的態度及創新的精神，而學習必須是持續的一種狀態，透過將家人學習過程與成果回饋於家庭中，並與家人共同分享，使家庭中的對話是民主平等式的溝通，家人之間有固定聚會與討論的時間，家人在思考模式上培養系統思考的方法，且家庭能學習如何善用有限資源等，都可促使其朝向實踐學習型家庭的目標前進。

今日，面對終身學習社會的來臨，學習對於家庭、學校及社區而論，都是非常重要的。同時，引進學習型組織精神，發展學校成為家庭教育學習網絡之重要據點，並建構以學校為據點的學習型家庭組織，來大力推動家庭教育之模式，是值得倡導與鼓勵的。

本章摘要

2003 年 2 月 6 日公布實施，2014 年 6 月 18 日修正公布的《家庭教育法》，計有 20 條，其中有關親職教育者，分別是：(1)推展家庭教育之機構、團體如下：家庭教育中心、各級社會教育機構、各級學校、各類型大眾傳播機構、其他與家庭教育有關之公私立機構或團體（《家庭教育法》第 8 條）；(2)高級中等以下學校每學年應在正式課程外實施四小時以上家庭教育課程及活動，並應會同家長會辦理親職教育。各級主管機關應積極鼓勵師資培育機構，將家庭教育相關課程列為必修科目或通識教育課程（《家庭教育法》第 12 條）；(3)直轄市、縣（市）主管機關應結合政府及民間資源，提供民眾四小時以上家庭教育課程，以培養正確之婚姻觀念，促進家庭美滿；必要時，得研訂獎勵措施，鼓勵民眾參加（《家庭教育法》第 14 條）；(4)各級主管機關應寬籌家庭教育經費，並於教育經費內編列專款，積極推展家庭教育（《家庭教育法》第 17 條）。

學校與家庭教育等機構積極推動親職教育的內涵，包括：(1)大力推動家庭教育二十學分班，編纂相關的家庭或親職教育教材，並進行「家庭教育專業人員認證」制度；(2)建構各級學校的家長學習團隊，拉近家校之間的合作，更易於直接習得親職教育的進行方式與提升成效；(3)針對弱勢族群進行家庭或親職教育；(4)重視父職在家庭親職教育中的重要性，且民間機構也積極辦理親職教育的相關活動；(5)響應聯合國自 1994 年起的作法，將每年 5 月 15 日訂為「家庭日」，5 月訂成「全國孝親家庭月」；也將 2013 年訂為全國「家庭教育年」，並通過了家庭教育五年中程發展計畫（2013～2017 年）。

學校至今仍可算是規劃及辦理親職教育最多的單位，在學校具體規劃及辦理親職教育時，宜參考下列七項建議：(1)辦理親職教育活動應考慮家長的需求，彈性調整；(2)充分運用大眾傳播媒體，以傳遞親職教育訊息；(3)親職教育內容與實施方式的充分配合；(4)建立兩性共同參與親職教育的觀念與作法；(5)了解並增強家長參與親職教育之動機，協助其克服參與之阻礙；(6)充實教師親職知能與親師溝通技巧；(7)掌握學校親職教育方案規劃的原則。

　　學校應作為民眾社區學習的資源與據點，配合推動社區教育及家庭親職教育，且學校教師可提供最大服務，使學校成為最佳的活動場所，並促進家庭、學校與社區教育能共同發展。如能結合學校行政人員、教師與家長共同組成學習型組織，透過學校推動學習型家庭教育的相關活動，讓家長及附近居民能體認到家庭觀念及親職教育的重要性，以便能發揮家庭應有的功能。

　　學習型組織是一種持續學習的組織，其學習資源不只侷限於組織內成員，其思考模式需兼具整體觀，對於問題解決是有能力的，且組織成員能彼此接納、相互坦誠與信任。為促進家庭教育之專業化，並鼓勵社會各方資源與社區人士參與家庭教育之相關服務，乃推出以學校為據點，結合學校教師及家長共同討論規劃建立其學習型家庭教育的正向組織，並透過資源整合來推動學習型家庭教育之模式，且藉由組織學習活動增進參與人員的自我成長、家人關係與家庭學習之成效。

　　合作網絡是指藉由不同主體長期協同合作下，關係的建立與運作，以形成緊密連結的有機組織型態。學校要成為家庭教育學習網絡，必須從「由上而下」轉變成「由下而上」的合作關係。網路社會強調的是水平的互動模式、權利與資源相互依賴、分享的行政與社會互動關係。發展學校成為家庭教育學習網絡，可使學習型家庭對於家庭氣氛和諧的維持，以及提升家庭教育功能等方面，均有頗大的助益。同時，學習型家庭成員需要對學習有積極的態度及創新的精神，而學習必須是持續的一種狀態，透過將家人學習過程與成果回饋於家庭中，並與家人共同分享，使家庭中的對話是民主平等式的溝通，家人之間有固定聚會與討論的時間，家人在思考模式上培養系統思考的方法，且家庭能學習如何善用有限資源等，都可促使其朝向實踐學習型家庭的目標前進。

班級／小團體活動

活動名稱：家庭四季窗

一、目的

　　1. 使團體中的每個成員能暢談家中的喜、怒、哀、樂等事件。

　　2. 重新省思自己與家人之間的互動關係。

二、一般說明

　　1. 團體人數：8～12 人。

　　2. 時間：40～50 分鐘。

　　3. 場地與教材：上課教室分小組進行。紙、筆、桌子、椅子。

三、實施程序

　　1. 領導者發給每人一張紙，請其畫下如圖之「家庭四季窗」。

　　2. 在家庭的四扇窗格中，按以下說明分別敘寫一件事情：

　　　　在「春」的格中寫出：家中曾經發生過最溫馨、感人的一件事。

　　　　在「夏」的格中寫出：家中曾經發生過最熱情、狂野的一件事。

　　　　在「秋」的格中寫出：家中曾經發生過最淒涼、感傷的一件事。

　　　　在「冬」的格中寫出：家中曾經發生過最悲哀、痛苦的一件事。

　　3. 領導者邀請成員們輪流分享，當某一成員分享完後，請大家給予回饋。

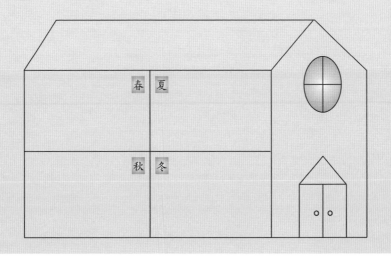

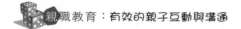

問題與討論

1. 針對我國目前實施的《家庭教育法》，請你列出其中最重要的五條來加以說明之。

2. 當學校擬定親職教育計畫時，宜慎重考量哪些重點？試分別加以探究論述之。

3. 何謂「學習型組織」？其與「組織學習」有何關聯？請詳細加以說明之。

4. 推動以學校為據點的學習型家庭組織，其主要目的為何？試深入地予以探究陳述之。

5. 以學校為據點成立的學習型組織，應考量具備哪些條件？請一一列舉並加以說明之。

Chapter 7

性別與親職教育的實施

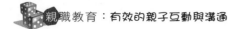

人心難測

璩美鳳偷拍光碟案近日偵結，計有十餘人遭起訴，被具體求刑一至四年不等。法律的事務有待判決暫且不談，但從這當中直接、間接卻牽扯出許多不同的人際角色關係，包括有情侶、夫妻、親子、好友、同修與媒體人物等。

人與人的相處實在很難，所謂「知人知面不知心」，昔日親密愛人、貼心知己，因相識甚深在翻臉後，很可能成為今日最可怕的「打手」；一出手絕不落空，招招致命！加上社會大眾的八卦心態與好奇心，造成本案的高曝光率。凡此種種，都印證「人心難測、人言可畏、人際複雜！」

今日所處大環境如此險惡，就應學會對自己的要求採高標準，以免稍一不慎有了差池害人誤己；而對周遭他人，卻應存包容之心，得饒人處且饒人，能過去的就不應斤斤計較而徒生煩惱，造成他人及自己的不便與不幸！

（本文係筆者在 2002 年 2 月 9 日，發表於《聯合報》第 15 版「民意論壇」）

由上述文章中，明顯可知人際關係之複雜，同時也可感受到情色事件與新聞不斷充斥在我們生活的四周，也會影響孩子在此方面的認知與態度。因此，性與性別相關的主題，也是親子互動及溝通中重大的議題。在本章中，將分別針對性、性別與性別角色、家庭與子女的性教育，以及多元性別下的親職教育發展等部分，一一加以說明。

第一節　性、性別與性別角色

壹、性與性別

性（sex）和性別（gender）經常是在提到性別相關概念時，很容易混淆的兩種不同觀念，分別說明如下。

一、性的含意與重要性

性（sex）乃因生理或基因不同，而分類出人類最顯著的生物性狀態，是強調男女差別的生物本源性。所謂的「男女之別」，完全著眼於二者的生理差異，也就是指男性與女性在先天上的生理結構，以及自然情況下的雄性與雌性之生物性物種差異，以生殖器官來區分者。

從生物學理來看，兩性間的差異主要來自於先天生理結構的不同，因此社會文化產生了不同的角色期待與對待方式，以致於兩性的性別角色上會出現行為差異。以生物學的觀點來看，男女間的差異取決於個體受精時的染色體結合，在生理構造上，內生殖系統及外生殖器官各有不同的生理差異，在性腺及賀爾蒙的催化作用下，男性與女性更會出現不同的身體性徵，造就了兩性有別的角色扮演（曾玟文，2008），例如：男性肌肉較女性為多，力氣較女性為大，因此較為粗重的工作，常由男性來擔任；而女性的乳房為嬰兒的食物來源，女性因而被賦予照顧家庭的角色。

「性」也是人生的重要議題，兩性關係是人際關係重要的一環。性不只關係著個人的身心健康、家庭的幸福美滿，而且會影響社會的秩序和安寧。此外，「性」伴隨人的一生，但對它的意識卻主要產生於青春期，這時的青少年性意識的發展最快也最顯著。依據心理分析大師 Freud 的說法，自青春期階段開始，青少年已由潛伏期進入生殖期，此時期所養成的性知識、性態度及行為，對其往後一生的性關係影響深遠。

二、性別的含意與其影響

性別（gender）則指在社會文化情境脈絡中，成為一個男人或女人的社會性特徵，透過社會學習成為文化認同裡所認可的男性與女性社會特質，會反映出一個社會的現象與文化事實。多數學者都由「性別」的概念為出發點，來說明兩性特質及角色行為差異，是透過社會化歷程、社會酬賞、原生家庭經驗，以及社會對兩性角色期待等建構而成（劉秀娟，1999）。

「性別」不僅包含生理所衍生出來的差異性為基礎，更是由人類社會長久年日下，所共同建構出來者，包含了來自歷史、文化及心理歷程等，所共同塑造而成的相關概念。

貳、性別角色

性別角色（gender role）的意涵，可從個人與文化層面來論述。就個人層面而言，性別角色是個體認同社會接受的兩性行為模式，或是個體透過自我的行為表現，以彰顯其所歸屬的性別行為型態。就文化層面而言，性別角色係指在某一個社會文化傳統中，一般人所公認的男性或女性應有的行為組型；這些組型包括內在的態度、觀念及外在的言行、舉止與穿著的服飾等。性別角色提供了不同類型的行為模式，是影響個體行為的重要因素（張春興，1995）。

在傳統的社會演化歷程中，男女常因分工的需要，對於兩性所扮演角色出現不同的期待，例如：男性需孔武有力保護家庭、女性需溫柔婉約哺育子女；年代一久，世代相傳，逐漸成為較為僵化的性別角色關係，也限制了兩性的社會發展。而個體在社會制度及文化的薰陶下，所建構出來的性別偏好與取向，因著不同性別所應採取的適當行為模式，進而表現出符合社會所認同的性別行為，則是性別角色（gender role）（邱桂貞，2007）。

不論男性、女性都要表現出應有的行為舉止，例如：男性應外出工作，擔任家庭經濟提供者的主要角色，而女性則必須負起教養子女的責任；或者男性具有「攻擊本能」，女性則具有「母性本能」。個人從社會中找到認同，並能肯定自

我角色。由此可知，性別角色分化是社會文化的產物，社會文化對性別角色之界定有明確的遵循規範。

　　性別角色非由生物性所決定，而是深受社會文化所影響，也可說是社會文化的產物、人格發展的結果。性別角色可定義為依據性別的不同，受到社會文化的影響，且在社會化學習歷程中表現出社會期待的行為模式。而男性的性別角色即男性在一連串的社會化過程中，受到其文化規範與社會期待的影響，而表現出符合男性生理特徵的行為模式；反之，女性亦然。

　　Kohlberg 曾提出性別認同三階段，性別角色會經歷性別認同（gender identity）、性別分類（sex-typing）與親長認同（parental identification）的階段（引自李美枝，1991）。就性別認同而言，兒童從區別身體差異中察覺到男女性別的不同，進而將自我歸類為男性或是女性。就性別分化而言，在性別具體思考建立之際，兒童可能由許多管道持續獲得關於性別社會刻板化的訊息，但也可能逐步了解這些訊息是具有彈性且會改變的。就親長認同而言，主要是指子女對同性別父母的認同感，而雙親的特殊屬性，有可能阻止或助長子女性別分化，但卻無法塑造。由此可知，經由性別角色認同之三階段，個體進而能判別出男女在特質屬性上的差異性，並區分男女不同而自我歸類為男性或女性。

　　Bandura（1977）認為，在個人學習過程中，增強是性別角色學習的一項重要因素，因其會直接影響學習者的表現意願。性別角色源於社會化，儘管人格與性別角色態度並非於兒童時期定型，但個人日後的行為模式，仍受早期社會化經驗的影響，而形成個人對男女的價值觀與行為模式。

　　性別角色從過去的「傳統」到所謂的「現代化」之觀念改變，均在一個水平橫向的漸進式發展上移動（洪雅真，1999）。在這連續轉變的過程中，家庭中居次要地位的男性角色，因女性角色的自覺，走出家庭就業，而逐漸地顯現。兩性在過去家庭體制的規範下，由固著的家庭角色關係，趨向於平等協調式的角色分擔型態。而男性也藉由落實父職角色的職能，得以培養關懷、照護能力，並能提供正確的性別認同，跳脫性別角色的僵化與謬誤，對孩子的成長有莫大助益。

　　綜合言之，性別角色態度的形成，是透過生活環境中的觀察並模仿他人各種合乎自己性別的態度及行為，並經由增強作用，逐漸發展出性別基模而獲得認同，

且逐漸形成適合自己的性別角色態度。如此一來，即可清楚了解個人的性別角色在幼年時期形成，並受到家庭環境、父母親的教育程度，以及父母親角色行為等因素所影響，而成人之後的性別角色態度，則可能受到當時社會因素、就業或所處環境刺激而有所改變。簡言之，個體會因自己所處的環境而對自己的性別角色態度有所覺知，而產生認同及學習模仿，並做最適當的調整。

參、親子互動與性別角色發展

以性別認同觀點而論，根據 Freud 在心理分析論中指出，在原生家庭中，父母的性別角色行為，對子女性別角色態度的發展有重大而深遠的影響。孩子在性器期時，兒童基於對父母的性別趨向（sexual interest），而產生戀父情結（Electra complex）及戀母情結（Odepius complex）；為解除戀親情結所帶來的巨大焦慮感受，兒童進而仿效同性別的母親或父親，認同並學習其行為，內化父母親的價值觀、人格特質、性別角色等，以期讓自己成為父親或母親心目中認同的模樣。同時，孩子在性器期時，會將同性父母視為獲得感情的競爭對手，之後逐漸對自己同性別父母產生性別認同感（Fagot, 1995）。此時期更能明顯感受到性別的差異性存在，由 Freud 的心理分析學派的理論來看，原生家庭中父母的性別角色行為，對子女性別角色態度的發展有頗高的相關，並可看出早年的家庭生活經驗對個體的影響相當大。

Bandura 主張，個體的社會行為主要是透過觀察模仿，加上獎賞懲罰的增強效果所建立的。換言之，個體在成長環境中，其行為表現經由不斷的獎懲，而塑造出性別該有的角色行為，例如：男孩玩汽車會受到父母的讚揚，玩洋娃娃則容易被嘲笑，於是個體被強化性別角色所該扮演的行為表現，抑制不該表現的行為，藉由觀察模仿同性別的楷模，在得到社會性的酬賞之後，便會建立其符合社會規範所應扮演的性別角色態度（劉秀娟，1999）。

Lamb（1981）則以系統觀點強調，父母有責任帶領子女了解自己在家庭系統外的性別角色，因此不管是父親或母親角色，在子女性別發展認同階段的發展過程中，都占有極重要的地位。

第二節　家庭與子女的性教育

　　兒童家長的性資訊多是透過性教育書籍或是電視節目獲得，但其來源有限也較少透過其他的管道。我們通常會認為，家庭中的性教育應該由相同性別的人進行教導，例如：父親教導男孩，母親則負責提供女孩相關性知識，但實際上卻因而造成了資源的浪費（林燕卿，1996；謝佩如，2001）。

　　家長可以透過異性的角度教導子女有關兩性在生理和心理層面的不同。對於單親家庭來說，子女對於角色的界線便顯得模糊，也少了認識兩性差異的部分；單親家長雖然無法完整透過日常生活，給予子女在性別角色的學習，但仍可以透過討論、外在資源和他人輔助，進而教導子女負責任的性觀念和知識。國外研究指出：無論男女，性行為發生過早，與父母早期對子女的管教和監督上的疏忽，有頗大的關聯。因此，父母親的親職性教育是需要被加強的，也可藉此幫助青少年延宕性行為發生的時機（Biddlecom, Kofi, & Bankole, 2009）。

　　在國外，生活教育課程與家長的家庭教育需求方面，隨著時代而有了不同的變化和發展，家長對於延後子女性行為與學習拒絕的技巧、異性戀關係與享樂人生對性的影響等三個議題的需求面最高，而傳統上如忠貞、婚前性行為、訂婚與結婚的重要性需求面，則隨之減少（林淑玲、黃秀珠，2004）。

　　以下將從性教育的意涵、家庭實施性教育之目的、父母對子女實施性教育的重要性與難處，以及父母如何對子女實施性教育等方面，來分別加以說明。

壹、性教育的意涵

　　性教育可從廣義面和狹義面探討，性教育單就生物學的觀點，可包含男女生殖器官不同、懷孕分娩過程和認識性病等；廣義來看，則探討個人性心理的發展、情感處理、對戀愛和婚姻及整個社會與人的親密互動，可說是一種多元化的生命教育（鍾思嘉、陳皎眉，1987）。

　　林燕卿（1996）提到，性教育是探討男女在社會裡分別扮演的角色、彼此的

關係如何相互調適，以及各自承擔責任，因此是超越人類的生理知識之外，包含所有與性和性別有關的特質，對身為男女的感受、信任和關愛他人的胸懷。

晏涵文（2002）對於性教育的定義更加完整，可分為性生理、性心理、性病理、性倫裡，以及性法理等五個面向。由個人面向往外擴展至與他人的互動，從單純的認識生殖器官到戀愛的交往和性別角色等，均包含其中，是每個人從出生開始即參與的教育計畫，可說是生活教育亦是全人教育。

因此，真正的性教育不單是生殖器官的介紹，也不同於道德教育，應包含對性生理、心理的認識外，了解自己和異性的性別角色、學習兩性相處之道與學會對彼此的愛與尊重，也都是很重要的。同時，性教育包含資訊與價值觀，資訊可從學校或家裡獲得，但價值觀仍是以從家庭中習得為最好的學習來源。

貳、家庭實施性教育之目的

家庭中性教育的實施不在於控制或壓抑子女的性反應，而是透過引導讓孩子能認清自我和異性的差別，培養自己充滿自信又能接納他人，以及建立負責任的性態度。

當親子之間愈能彼此交談、分享心情感受而共同參與活動，且父母不以權威壓迫子女、親子間的關係能平等互動，子女對於父母更能說出心裡的話，更願意與父母討論自身的性問題困擾時，父母方能給予子女正確的性態度與性觀念。

13 歲以前是性侵害的高危險年齡群，且男女生同樣會有遭受侵犯的可能。目前青春期生理的發育有提早現象，對兩性的交往也開始增加其好奇和機會，在青春期需提供正處於「性覺醒期」的孩子，透過家庭與學校實施的性教育，可培養正確的性知識、性態度，以協助其日後能在兩性關係上和諧共處（晏涵文、高毓秀，1992）。

家長在與子女相處交談時，若發覺到自己本身性知識不足，而無法與子女進行討論或指導時，就會意識到自己需要多參與親職性教育的增能活動，以提高本身的性知識程度。從系統整合觀點的生態理論分析，在影響兒童價值的諸因素中，父母便是最直接影響子女成長的小系統（microsystem），因此家長本身是否有足

夠的意識能覺察自我，了解自身對於性知識不足之處，才會有主動的意願進行親職性教育增能活動。

江芳盛、吳佳倩（2001）認為，性是包含碰觸的情感關係，從小在家中就沒有受到關愛的兒童，將來亦難與他人建立親密關係。因此，性教育的第一步就是讓孩子接受自己的身體，避免子女認為自己是骯髒而不可碰觸的。

因此，在家庭中實施性教育，已不單只是探討個人的性生理構造，而是藉由了解自己與其他性別者的不同，學習由生理面依照認知過程發展，由淺入深的在生活中學會愛惜自己與尊重他人；性教育也可說是一種家庭生活中的生命教育，對個人一生幸福的影響頗大。

參、父母對子女實施性教育的重要性與難處

家庭往往是子女第一個接觸與學習的環境，而家長更是子女性教育的啟蒙者。因此，父母必須多充實個人的性知識，培養自我溝通及表達能力，才能與子女以健全的態度且擁有開放的溝通管道，進而提升子女的性知識和培養正確的性價值觀。

在孩童上幼兒園的性器期（3～5歲），是具有性意識、性好奇的第一階段。這時的孩子對於男女的差異，尤其是小便方式的不同，會十分有興趣地去探索。另外，對於生殖器官的撫摸，或「我是從哪裡來的」等一連串問題，也會經常提出來發問。

在每個家庭裡，隨著孩子進入青春期階段，也幾乎進入了家庭生命週期中的另一個重大挑戰。因為，父母除了必須面臨青少年子女在生理與心理上的快速轉變，也同時要面對難以啟齒的「性」與「異性交往」的議題；尤其是目前處於網路科技時代，他們在網路搜尋到的訊息日新月異，與父母的想法可能大為不同，對其整個家庭及其親子關係更具有相當大的衝擊。

然而，家長對於性教育的不少迷思，使家庭性教育在施行上產生困難。家長本身對於性主題常感到私密而令人難以啟齒，且部分家長誤認為與子女談性等於是鼓勵孩子提前有性行為。其次是家長自己本身對於性教育的專業知識與能力不

足，認為自己無法勝任教導子女這方面的工作；也有人認為性教育是學校老師的責任，甚至是等孩子長大以後就自然會懂的事。基於上述種種想法，便忽略了父母自己就是最佳的教導者（晏涵文，2002；鍾思嘉、陳皎眉，1987）。

林燕卿（1996）認為，學習如何與異性交往，是青少年眾多發展任務中極為重要的一部分。與異性正向而良好的交往經驗，有助於個人發展正向的自我認同，也有助於日後家庭中的親密關係及個人親職能力的培養。因此，青少年結交異性朋友是一種學習的過程，也因為這樣的經驗，青少年得以認識異性特質，了解兩性之間的差異，並學習如何與異性相處、彼此尊重，由此看來青少年的異性交往有其正向功能。臺灣的青少女生育率與中國、日本和南韓相比，是未婚懷孕比例最高的國家；家長對於子女早期的監督和管教程度，亦會影響青少年子女日後初次性行為的發生時機。因此，家長應更加了解親職性教育的重要性，針對自身性知識較缺乏的部分予以補強，方能從小就給予子女正確的性知識，以減少子女在青春期因為對性的好奇，進而過早冒險嘗試甚至因此未婚懷孕，造成家長和子女都要面對其錯誤行為而付出代價。

晏涵文（1998）認為，家庭影響個人甚鉅，父母原本就應是青少年之重要社會支持來源，父母是否針對青少年所迷惑的性議題進行溝通與開導，將會對青少年的性態度及行為有所影響。同時，另有些研究指出，子女所知覺親子間的互動溝通，對於青少年異性交往之態度與行為有所影響，其發現父母愈常干涉及限制子女異性交往，子女異性交往的行為反而會愈開放。不過儘管現今社會的性態度已逐漸開放，但家長仍缺乏與孩子在異性交往觀念的溝通與分享，這也是造成青少年異性交往困擾的主要原因（李育忠，2000；潘婉如，2000）。

在今天，臺灣青少年仍背負著繁重的課業及學習壓力，且常被認為身心發展不夠成熟，是非判斷力也還不夠，因此他們結交異性朋友或談戀愛，通常是不被父母或師長讚許的。一旦有了男女朋友，往往會成為被特別關心的事情，也因而引來頗大的親子衝突；甚至一旦被禁止，他們可能會設法轉為在檯面下進行，而引發更多的問題。

肆、父母如何對子女實施性教育

　　黃迺毓（2004）指出，許多家長都認同性教育是重要的，也了解家長有責任教導子女正確的性觀念，但在本身的性知識與信心不足的情況下，便無法有效完成教導任務。她亦指出，家庭性教育的重點「教什麼」與「如何教」同樣重要，父母遇到困境時，可以坦白並與子女一同找出答案。

　　國內外研究（林燕卿，1996；晏涵文，1998；黃迺毓，2004；Brown & Keller, 2000; Kendall, 2008）都認為，最有效的性教育實施方法，即是透過個案研究、短篇故事、圖畫、照片及影片的方式來引導討論。孩子平均一天有六到七個小時在接觸不同的傳播媒體，許多學者都提到，大眾傳播與媒體資訊對於性的報導都呈現較負面的價值和意識型態，使得青少年誤以為性可以驗證愛的存在，似是而非的價值觀取代了正確且健康的性觀念，也影響青少年的性行為。

　　國小的學童家長在進行性教育時，多數仍以溝通方式進行，並且學會應用現代化科技（以網路為媒體）的比例亦高；國中的學生家長對於親職性教育的實施方式，較傾向採用透過平面媒體、影像及活動等方式來進行學習（李湘屏，2008；張珍瑜，2004）。

　　網路已成為現代各級學生的生活一部分，這是既定而無法改變的事實。身為家長應該教導他們正確的生活態度和習慣，並協助他們建立網路生活的倫理、安全等方面的正確觀念，對於使用網路時間的長短和分配、如何與網友溝通與自我安全保護等，都應有正確的認識，且養成這方面的良好習慣。因此，幫助孩子正確使用網路之正向價值，並與他們討論如何有效利用時間及選擇網路活動，是非常重要的事情！如果可以的話，家長也應學習如何使用網路，不僅可以與青少年建立共同話題，進而拉近親子之間的距離，更可以掌握孩子在網路使用上的狀況，並給予適時的引導與協助。

　　當孩童進入青春期後，接觸網路色情及性相關資訊最大的動機就是好奇，因而為使青春期的孩子能正確使用網路，最好的方式是父母能學習如何使用網路，並從旁協助與孩子一起參與上網活動，一來可以在看到不當色情資訊的時候，予

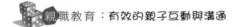

以正確的性知識教導，二來亦可增加親子間的互動，這實在是一個兩全其美的好
方法。

第三節　多元性別下的親職教育發展

在本書第一章第二節中曾提及，二十一新世紀的發展有非常巨大的改變趨勢，並將面對二十一世紀整體社會價值與發展之特性歸納整理成七項，分別是：多變與多樣性、資訊透明性、通訊快速性、性別的開放性、地球村的國際性、價值的相對性，以及休閒娛樂調適性。因此，父母本身過去所接受的傳統性教育內容，恐怕已不適用於今日多元性別觀點之所須。故在此將針對多元建構與多元性別、多元性別與立法之間，以及多元性別發展中的親職教育等議題，分別說明如下。

壹、多元建構與多元性別

其實，「多元建構論」是二十世紀中期以後，整個人類思潮觀點的巨大變化。從過去人們習慣於齊一標準，面對任何的人、事、物等情況，都要求有一個共同認定的規則、觀點或作法等保守氛圍；至今，幾乎被完全否認與打破，而成為不同意見觀點同時並陳的「多元體制」。只要不妨礙他人權利，每個人都可擁有其贊同的想法和作法。

「現代主義」是二次世界大戰結束的五〇年代之後，人類覺得世紀的科學進步，使人們能衡量事情真實的一面，諸多宇宙規則一旦被發現，人類就能控制所處環境，相關問題也得以迎刃而解。然而，「後現代主義」是對傲慢的現代主義的一種反彈，這種懷疑論和重新檢視的時代，被稱為「後現代主義」；該主義是一種哲學觀點，不認為透過科學可發現真正的客觀世界，主張所謂事實可有多元觀點，而不受一般性通則所支配。

「世界人權宣言」第 1 條：「所有人類與生具有自由，並享有平等的尊嚴與權利。」接著第 2 條：「所有人不得因種族、膚色、性別、語言、宗教、政治或其他的主張、國籍、出身、財富、家世、出生或其他身分之不同而受到歧視。」自 1995 年北京世界婦女會議之決議「北京行動綱領」及 1997 年歐盟的「阿姆斯特丹宣言」，讓「性別主流化」（gender mainstreaming）成為推動社會性別平等

主要的全球性策略。聯合國前秘書長 Kofi Atta Annan（1938-）曾說：「女性抬頭意味的不只是為女人爭取較好的生活品質，而是爭取所有人類較好的生活品質」。

因此，性別主流化可說是一個讓女人和男人等不同性別者所關心，並體驗政治、經濟和社會層面中的設計、執行、監督和評估等主要面向的策略，其主要目的是要使女人和男人等各性別傾向者都成為平等的受益者，而非延續過去的不平等，最終目的是要達到性別平等（gender equality）。

診斷個人心理與精神是否正常的標準，通常都根據《精神疾病診斷與統計手冊》（*The Diagnostic and Statistical Manual of Mental Disorders*，簡稱 DSM），本書是由美國精神醫學學會出版，為一本在美國與其他國家中最常使用來診斷精神疾病的指導手冊。1952 年 DSM-I 的出版，將不同時代對精神疾病觀點的演變、疾病的名稱改變，或是診斷條件的改變，都代表了對疾病觀點的改變，甚至於社會觀念的變遷，也會對精神疾病的診斷有所影響。

最明顯的例子就是同性戀，美國精神醫學學會在 1973 年將同性戀不再列為精神疾病，便是因社會上對於同性戀的觀點改變所致；同性戀已經被視為一種生活或情感的方式，而非是一種疾病，到了 DSM-III（1980 年）出版時也做了清楚明確的調整。DSM-IV 的出版時間是 1994 年 5 月，而最新的《精神疾病診斷與統計手冊》為第五版（DSM-5）（2013 年）。

因此，今日看性與性別除傳統的男女兩性之外，還有同性等之其他性別傾向者，常被稱之為「LGBT」，其分別代表：女同性戀者（Lesbians）、男同性戀者（Gays）、雙性戀者（Bisexuals）與跨性別者（Transgender）的英文首字字母。在 1990 年代，由於「同性戀社群」一詞無法完整體現相關之群體，「LGBT」一詞便應運而生並逐漸普及。在現代用語中，「LGBT」一詞十分重視性傾向與性別認同文化的多樣性，除了狹義的指同性戀、雙性戀或跨性別族群，也可廣泛代表所有非異性戀者。LGBT 現今已獲得了許多英語系國家中多數 LGBT 族群和 LGBT 媒體的認同及採用，成為一種非常主流的用法。

然而，「LGBT」的用法並非完全沒有爭議，有人基於「同性戀分離主義」思想，認為男、女同性戀者應脫離其他族群成為另一個團體，理由是跨性別和變性者與 LGB 不同。有人則認為這些用語太過政治化，企圖將多樣的族群劃入灰色地

帶，意味著主流族群的問題和優先權獲得了平等的考量。

貳、多元性別與立法之間

　　《性別平等教育法》是中華民國於 2004 年 6 月 23 日公布的法律。總則中說明此法目的為：「為促進性別地位之實質平等，消除性別歧視，維護人格尊嚴，厚植並建立性別平等之教育資源與環境，特制定本法」此法是從 1988 年開始醞釀，2000 年開始研擬，直到 2004 年立法。從此，男女兩性以外的第三性，也在有法律的依據之下公諸於世。至此，臺灣已正式步入「多元性別」的世代，甚而進一步醞釀「多元成家方案」，其內容包括三個草案：婚姻平權（含同性婚姻）草案、伴侶制度草案，以及家屬制度草案。因此，今日若企圖衝撞「性別平等」主題，已經是違法行為。

　　《性別平等教育法》起源於更早以前民間對兩性平等教育的追求。1988 年，婦女新知基金會檢視中小學的語文與人文社會學科教科書，認為其中充滿性別刻版印象，並且出版《兩性平等教育手冊》，此即性別平等教育之先聲。1996 年，隨著當時的教改政策，婦女新知基金會向行政院教改會提出五項要求：(1)改進教科書；(2)培育師資；(3)設立「兩性平等教育委員會」；(4)增加婦女參與決策；(5)設立婦女研究學程。其中，前四項即為後來的《性別平等教育法》具體內容。

　　然而，任何事情有正就有反，當「反對者」出現之後接著就有「反反對者」的聲音；不過到底哪一方最終可以站得穩，就交由社會大眾和立法者在反覆推拉之間，去大費思量了。2013 年 11 月 30 日，反多元成家等團體以「下一代幸福聯盟」為首，號召 30 萬人在凱達格蘭大道舉辦「為下一代幸福讚出來」活動，以「捍衛婚姻」、「MADE BY Daddy+Mommy」、「反修民法 972」等標語，表達反對多元成家的訴求。在此，筆者也趁機介紹《民法》第 972 條：「婚約，應由男女當事人自行訂定」，而多元成家等團體希望將此修正為「婚約應由當事人自行訂定」。

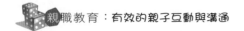

參、多元性別發展中的親職教育

從前述探討多元建構與多元性別等相關主題，使吾人認清不同性別之間會有哪些部分的差異與區別。無論抱持何種性別傾向者，應該都能享有平等之權利。要學習儘量多去同理及尊重不同的性別傾向者，否則也要能做到諒解與容忍。

一、性別角色刻板印象及其調整

性別角色刻板印象（sex-role stereotype）的可能原因，大多來自於父母、師長、同儕及大眾媒體。當孩子出生後，父母即因其性別不同，給予不同的穿著打扮、玩具及管教方式；隨著年齡的增長，孩子對於性別角色認同即產生刻板化的印象，加以與同儕相處時共同的認定，使其對於性別刻板印象有更深的認同。若再加上學校的教材內容大多描述與肯定男性的成就表現，且大眾媒體有關性別角色的陳述大多著重於男性上便會使得孩子在周遭的環境影響下，對於自身的性別角色不自覺地有了刻板印象。

一般童話故事或兒童繪本裡，難免仍對傳統的性別角色描繪的十分明顯而刻版，男性具備的是工具性特質，包括：目標導向的、有邏輯的、富攻擊性的；而女性則具備的是情緒性特質，包括：溫柔的、富同情心的、會照顧人的。也因為這些刻版的差異，男人被認為較適合做一個位居要職的領導者或工作者（如醫生、律師、工程師），而女人則比較適合做一個襄助者、追隨者或母親、太太（如保姆、教師、護士）。

這種傳統性別角色的特性，不能也不該兩者兼具且讓男性占有多數優勢；男性的工具特質較女性的情感特質更為重要；也因在此種社會之下，男人必須壓抑情緒特質，女人必須壓抑工作特質。而且，女性因為被認為不具備重要的優良特質，不適合外出工作，所以會有較低的自信、自尊，心理健康與社會地位亦差。而這種男性優勢更反映在一般人對女性的評價上，使女性受到不公平的待遇。但經過時代的變遷，這些刻板印象也逐漸面臨瓦解之中。

現代的性別角色觀念已經有了頗大改變（王以仁，2010；張春興，1995），

對於一些專家學者的研究探討而言，某些單一性別者其實均同時具備了男性化和女性化的兩種優秀特質，而被稱之為「剛柔並濟」（androgyny）。這也強調性別的平等角色，發現在對婚姻與家庭中男女角色的看法、態度、信念上，愈年輕的夫妻較愈年長的夫妻傾向贊同平等關係。當然，這種改變是相當緩慢的，女性仍然負擔了絕大部分的家事處理，以及較大部分的子女照顧工作；甚至當太太在外專職工作而先生失業在家時，仍舊相同。

這些年來，女性意識的覺醒，女性受教育、工作的人數增加，使得傳統「男性至上」的性別角色有了一些改變。但因為性別刻板印象深植人心，而且在人與人的互動中，更時時去強化它，因此改變是緩慢且不易的。唯有透過教育、宣導、身體力行，兩性才能不再陷於性別迷思的陷阱中。

二、多元性別與家人生活中之互動

近些年來，文化歧異、多元性別和公民權利的諸多討論，早已是公共政策之重大議題。尤其是在家庭、婚姻、性別角色和性別平等的實踐上，越發成為主要的論述焦點。

黃信翰（2013）的研究發現，同性戀現象已被視為多元文化與性別中的一部分，透過文獻分析及決策實驗室之研究方法，探討同志出櫃的關鍵因素為：「自我認同」、「不想欺騙」、「過去出櫃經驗」、「心理上有所依靠」、「父母認同」、「親友認同」、「宗教信仰」、「友善環境氛圍」、「社會政策支持」、「經濟能力」、「不影響工作」、「避免麻煩」、「為獲得社會資源」、「周遭同志人數」、「增加交友機會」、「效仿偶像出櫃」、「一時興起」、「被迫出櫃」等十八項。之後，透過立意取樣的問卷方式，由參與研究的同志協助發放問卷，選擇18～30歲已出櫃的青年同志作為受訪者。回收問卷資料分析結果得知：「社會政策支持」、「友善環境氛圍」、「周遭同志人數」為影響青年同志出櫃的主要核心關鍵因素；而「自我認同」、「心理上有所依靠」則是最易受其他因素影響的重要因素。

陳詩婷、沈玉培、王以仁、李岳庭、藍菊梅（2014）的研究指出，在國內關於多元性別取向研究裡，多聚焦於同性戀族群，對於雙性戀者的相關研究則較為

缺乏，而社會大眾對於雙性戀者也存在著部分迷思。其實，在雙性戀者的認同歷程中，情慾的展現是流動與不定的，透過與伴侶交往的經驗與多元管道逐漸形成個人認同，而認同過程會受到社會文化、親戚家人與朋友的態度所影響。雙性戀者傾向對周遭信任與親近的朋友或伴侶出櫃，但認為父母是難以接受其性向，而多會選擇對家人隱瞞。雙性戀者在伴侶互動經驗展現出多元的互動模式與樣貌，包括：在穿著打扮、說話方式並未因伴侶性別而有明顯差異，伴侶互動與關係會受到雙方個性與特質的影響；在公眾環境裡會因伴侶性別而調整其言行舉止，特別是與同性伴侶會少有親暱的舉動或言詞。雙性戀者有著多元的伴侶關係模式，除了一對一的伴侶關係，也可能是開放式關係。同時，雙性戀者對於婚姻的態度也有著多元差異，分別為不婚主義者、期待與同性伴侶共度終生，以及態度未明隨遇而安等三類，而親族的期待將深深影響雙性戀者對婚姻的態度。

三、面對多元性別下的親職教育

筆者經常在公開演講中戲稱：「你家、我家就是全家，凡是發生在別人家的事情，有一天也可能會發生在我家。」這就是要提醒為人父母者在多元性別下，一方面要多關心注意自己的孩子，另一方面也得要做好心理準備，去接受兒女任何的選擇和相關之行為表現。也許，有一天你的孩子會突然問起有關同性戀及雙性戀等的多元性別議題，或是更直接的向家人表示要公開出櫃時，不知為人父母者可有心理準備，甚至可以站出來表示理解與支持其個人之抉擇。

針對多元性別的發展，為人父母者在親職教育方面，可以參考以下五點建議：

1. 多元性別發展已經是一項事實，令人無法迴避，而同性戀與雙性戀等的發生，到底是因先天遺傳或是後天環境影響使然，至今也無確切的定論。為人父母者在此方面，要能學習去包容、接納與尊重；否則一旦雙方對立衝突，必定會造成親子間極大的隔閡。

2. 父母良好的身教是子女發展及學習成敗的關鍵，包含性教育在內也是如此。社會學習理論認為，子女會透過增強、模仿與認同學習等方式，吸收經驗後建立自己的行為模式；父母是子女學習模仿的楷模（model），因此多元的性教育應始於父母，父母需把握時機適切地提供子女這方面的相關知識。

3. 家長本身要有終身學習的行動，對於性知識、親子溝通互動等方面的觀念和技巧，要能努力地進行充電及學習，如此才能在親職教育方面繼續不斷地加以自我充實。

4. 家長應把握機會給予孩子適當的親職教育，尤其是在青春期前後針對子女的性教育方面，宜多採用輔導而非說教的方式來進行。

5. 家長不是萬能者，在親子互動之間有任何疑難問題，特別是在多元思潮的今日，可設法去尋求相關諮商或諮詢單位的積極協助，而非只懂得一味的自行閉門造車。

筆者在本章之末內心想說的是：時代開放、思想新潮、行為不同於多數人等，這都是諸多因素交互影響之下的發展結果。不管你個人喜歡不喜歡，或是贊同不贊同，多元性別既然已經存在且受到國家立法的保障，吾人就應以開放的心胸，學習去接納與尊重之。民主法治國家，遵從法律規範是一項基本的素養，何況是在關係親密的家人之間，更是值得特別去用心思考及回應互動；否則一不小心，就會在夫妻、親子、手足、祖孫或婆媳之間，造成無法彌補的意外缺憾。

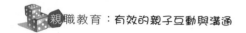

本章摘要

「性」乃因生理或基因不同，而分類出人類最顯著的生物性狀態，是強調男女差別的生物本源性。所謂的「男女之別」，完全著眼於二者的生理差異，也就是指男性與女性在先天上的生理結構。「性別」則指在社會文化情境脈絡中，成為一個男人或女人的社會性特徵，透過社會學習成為文化認同裡所認可的男性與女性社會特質，會反映出一個社會的現象與文化事實。

「性別角色」的意涵，可從個人與文化層面來論述。就個人層面而言，性別角色是個體認同社會接受的兩性行為模式，或是個體透過自我的行為表現，以彰顯其所歸屬的性別行為型態。就文化層面而言，性別角色係指在某一個社會文化傳統中，一般人所公認的男性或女性應有的行為組型。

Kohlberg 曾提出性別認同三階段，包括：性別角色會經歷性別認同、性別分類與親長認同的階段。

根據 Freud 在心理分析論中指出，在原生家庭中，父母的性別角色行為，對子女性別角色態度的發展有重大而深遠的影響；兒童會仿效同性別的母親或父親，認同並學習其行為，內化父母親的價值觀、人格特質、性別角色等。Bandura 主張，個體的社會行為主要是透過觀察模仿，加上獎賞懲罰的增強效果所建立的。個體在成長環境中，其行為表現經由不斷的獎懲，而塑造出性別該有的角色行為。藉由觀察模仿同性別的楷模，在得到社會性的酬賞之後，便會建立其符合社會規範所應扮演的性別角色態度。

性教育可從廣義面和狹義面探討，性教育單就生物學的觀點，可包含男女生殖器官不同、懷孕分娩過程和認識性病等；廣義來看，則探討個人性心理的發展、情感處理、對戀愛和婚姻及整個社會與人的親密互動，可說是一種多元化的生命教育。家庭中性教育的實施不在於控制或壓抑子女的性反應，而是透過引導讓孩子能認清自我和異性的差別，培養自己充滿自信又能接納他人，以及建立負責任的性態度。

從系統整合觀點的生態理論分析，在影響兒童價值的諸因素中，父母便是最

直接影響子女成長的小系統，因此家長本身是否有足夠的意識能覺察自我，了解自身對於性知識不足之處，才會有主動的意願進行親職性教育增能活動。國內外研究都認為，最有效的性教育實施方法，為透過個案研究、短篇故事、圖畫、照片及影片的方式來引導討論。網路已成為現代各級學生的生活一部分，這是無法改變的事實。身為家長應該教導他們正確的生活態度和習慣，並協助他們建立網路生活的倫理、安全等方面的正確觀念，對於使用網路時間的分配、如何與網友溝通與自我安全保護等，都應有正確的認識，且養成這方面的良好習慣。

　　性別主流化是一個讓女人和男人等不同性別者所關心，並體驗政治、經濟和社會層面中的設計、執行、監督和評估等面向的策略，其主要目的是要使女人和男人等各性別傾向者都成為平等受益者，而非延續過去的不平等，最終目的是要達到性別平等。今日看性與性別，除了傳統的男女兩性之外，還有同性等之其他性別傾向者，常被稱之為「LGBT」，其分別代表：女同性戀者、男同性戀者、雙性戀者，以及跨性別者的英文首字字母。在現代用語中，「LGBT」也可廣泛代表所有非異性戀者。

　　為人父母者在多元性別下，一方面要多關心注意自己的孩子，另一方面也得要做好心理準備，去接受兒女任何的選擇和相關之行為表現。也許，有一天你的孩子會突然問起有關同性戀及雙性戀等的多元性別議題，或是更直接的向家人表示要公開出櫃時，不知為人父母者可有心理準備，甚至可以站出來表示理解與支持其個人之抉擇。

班級／小團體活動

活動名稱：第二春的開創

一、目的

  1. 協助團體成員了解另一個選擇的機會。

  2. 共同探索追求第二春的阻礙與突破。

二、一般說明

  1. 團體人數：8～10 人分為一小組。

  2. 時間：30～40 分鐘。

  3. 場地與教材：上課教室分小組進行。紙、筆、桌子、椅子。

三、實施程序

  1. 利用圖畫表示自己美麗的遠景。

  2. 每位成員說出自己三個最大的期望。

  3. 分享個人經驗及共尋克服困難的方法。

問題與討論

1. 試說明「性」和「性別」二者的意涵有何差異或關聯？並請扼要地加以說明探究之。

2. 「性別認同」可區分為哪三個階段？請分別舉例加以說明之。

3. 何謂「性教育」？試從廣義和狹義二方面予以探討之。

4. 請以「多元建構論」和「後現代主義」的觀點，說明在臺灣社會中「多元性別」的意義與其推動之情形。

5. 「LGBT」的意涵為何？在面對多元性別下的親職教育，應如何加以因應與發展？請分別予以探究說明之。

Part 3

展望運用篇

二十一世紀的發展有多元改變趨勢，面對整體社會價值與思潮觀點，亦產生巨大之變化。過去人們習慣於統一的標準，面對任何人、事、物等情況，都會要求有一個共同的規則或標準作業流程；然而至今已幾乎完全被否認，而形成不同意見觀點同時並陳的「多元體制」。守舊不變、放棄學習等消極作法，必然會快速地被淘汰。

吾人均知，親職教育的成功與否不但影響父母與子女之間的關係，也會影響學校教育與社會教育之成效。雖然，臺灣已進入多元建構的社會文化體制，但在學校的教科書方面，似乎仍是以傳統的典型家庭為主，卻很少提到非典型的另類家庭，即使開放教科書的評選已有多年，但卻很少有人去重視這個問題。對於學生來說，若他們所學習到的課本都是以典型主流家庭為主，那麼可能會對於他們自己屬於非典型家庭而產生自卑感，甚至於對自己有負向的自我概念。

隨著社會結構的劇烈轉變，親子之間的關係也跟著產生變化。在過去的農業社會，親子關係可以透過傳統社會規範來加以約束，強調道德、孝順、服從、謙虛等特質；而現今的工商 e 化資訊社會，特別重視個人才能、獨特創意、自我實現、自我推銷等。如此一來，在親子關係與認知內容上，勢必產生相當大的衝擊而危機四伏。

現代做父母的必須明瞭，隨著周遭環境的快速變化，父母們勢必得做出相當程度的調整，要願意不斷地在親子交流與溝通等領域去學習與付出，尤其是藉著有關圖書雜誌的閱讀，以及各種相關網站知識的吸收，如此才能設法維持親子之間美好的溝通品質與親密互動關係。

　　因此，本書在第三篇中，將針對親職教育的發展趨勢，以及親職教育相關資源的運用等二章，分別加以探討之。

Chapter **8**
親職教育的發展趨勢

學習目標

※雙生涯家庭有何特性？其夫妻之間又有何困擾？

※在今日臺灣社會快速變遷之下，離婚率方面產生何種變化？

※夫妻離婚的原因有哪些？

※單親家庭有哪五種類型？

※導致外遇發生的因素有哪些？

※以女性為主的單親家庭，與以男性為主的單親家庭有何差異？

※何謂「頂客族」？這類家庭又有何特色？

※面對未來的世紀，親職教育將遭遇哪些重大的挑戰？

※現代與傳統父母親角色最大的改變為何？

※性別多元化的觀點，與「多元成家方案」的大力推動，二者之間有何
　關聯？

失業回家，幸福的意外

近日，行政院主計處發布的八月失業率再創新高，而 1111 人力銀行亦公布了調查數據：今年應屆畢業生的失業率已突破七成二，也有超過五成四的應屆畢業生因找不到工作，仍靠父母或其他家人供養，而成為所謂典型的「寄居蟹族」。

筆者認為國內經濟長期不景氣，失業率節節上升，這的確是政府相關部門應慎重檢討與改進者；但對於一大群應屆畢業的成年孩子，因找不到工作經濟拮据，而返鄉回家依靠父母或其他家人供養生活，倒覺得應該是以正面態度重新看待「家庭」意義與功能的大好時機！

過去傳統的大家庭（或幾代同堂），原本就具有家中成員彼此相互關照的功能，舉凡在經濟合作、情緒支持、身心保護與兒童教養等方面，都能因共同生活而充分的相互依存！根據相關調查指出，美國在 1985 年約有超過百分之三十的成年孩子（年齡在 18 到 29 歲之間），返家與父母同住；其主要原因有二：一是因失業或離婚而返家生活，以尋求支持，另一種是成年孩子返家生活係為了照顧年老的雙親。

今日，臺灣因經濟與就業等困難因素，使得有相當比例的應屆畢業成年孩子，返鄉回家靠父母等家人供養以維生，若能以正面的積極態度接納與鼓勵他們，在家鄉找點部分工時的工作來服務鄉梓且賺點零用錢，並藉此自修充電及享受家庭之和樂，或可因此而收到意想不到之幸福！千萬別再冠以「寄居蟹族」這等不雅之稱呼！

（本文係筆者在 2002 年 9 月 26 日，發表於《聯合報》第 15 版「民意論壇」）

上述文章論及，不論中外都有愈來愈多已成年的子女返回家鄉與父母同住，一方面是因失業或離婚而回去尋求支持，另一方面則是成年孩子返家生活亦可照顧年老的雙親，可見家庭類型與家人關係正不斷地在變遷之中。因此在本章中，

將針對現代社會所存在的家庭問題，以及未來親職教育的挑戰與因應等方面，分別加以討論如後。

第一節　現代社會所存在的家庭問題

二十世紀是人類發展中變化劇烈且快速的百年，社會的主體形式由農業轉變到工商業，人們的聚集由鄉村部落的散居進入大都會區的人口密集，家庭型態由數代同堂的大家庭轉變成人口簡單的核心家庭。隨著時代腳步跨入二十一世紀之後，資訊科學的蓬勃發展與個人自我追求的極端需求，更是導致在這新世紀的百年之中，家庭產生的問題與困擾將更趨嚴重。

在此，筆者歸納出現代社會所存在的家庭主要問題，分為以下數項並一一加以討論之。

壹、雙生涯家庭夫妻間的困擾

近年來，因多數婦女都投入工作市場，產生了所謂的「雙生涯夫妻」（dual-career couples）。根據行政院主計處有關臺灣地區人力運用調查發現，國內女性就業人口已從四十年前占總就業人口比例僅三成，到目前已婚職業婦女占女性就業人口數已經超過七成以上。從已婚婦女參與勞動的比例來看，無論子女在哪一個年齡階段，已婚婦女參與的勞動力在明顯而快速上升；雙生涯家庭的普遍，由此也可見一斑。

隨著以單一男性為主的家庭經濟結構逐漸式微，社會對女性就業的情形愈來愈重視，而造成男性為單一家庭經濟來源的家庭結構比例亦隨之降低。雙生涯家庭具有特殊的時代意義，它代表著打破傳統「男主外，女主內」的性別角色及家庭分工的意識形態。家事工作可稱為家務勞動或家庭勞工（李芳如，2001）。由於家事工作具有多樣特質，因而要將家事定義清楚是頗不容易的，再加上許多家事兼具有工作或休閒、生產或消費等功能，更增加家事在定義上的困難。

Pittman 與 Blanchard（1996）發現，年紀較長才結婚的女性所做的家事會比

較少，那是因為這些女性擁有的孩子數較少；另一個原因則是，這些女性原本就有一份工作，並在婚後仍持續地投入職場中。因此，女性的就業對男性而言，應是增加了丈夫分攤做家事的工作量。

研究發現，雖然丈夫會因為妻子為職業婦女，而分擔比過去更多的家事責任（Perry-Jenkins, Pierce, & Goldberg, 2004）；然而，這些妻子在家務事與照顧孩子方面實際所做的，仍遠比丈夫為多（Huston & Homles, 2004）。

事實上，對很多投入職場的全時女性來說，在家中仍然要做大部分的家事，除非妻子在其性別態度上非常傳統，或是其所屬的工作係兼職性質，否則丈夫對於家事的低參與感，往往會形成妻子在心理上的不愉快（Pina & Bengtson, 1993）。關於子女參與的家務工作項目，將隨其年齡的增長而增加，且難易度也會有所不同。兒童時期所參與的家事，大多是協助性質，所以會在家務工作的認定上感覺較為瑣碎。一般而言，未成年子女的家務工作，包含：餐飲處理、環境整理、衣物照料、協助購物、家人照顧、其他雜務等六個面向（黃淵泰，2004）。

雙生涯家庭中無論是丈夫或妻子，都必須同時面臨來自家庭與工作之雙重壓力及多重角色，夫妻二人都感到有太多的任務要去完成，卻往往沒有足夠的時間可用；同時，雙生涯家庭無可避免的會受到職場本質與家庭特色之間交互作用所影響，而這二個互有關聯的體系，常會造成彼此負面的干擾而產生個人或家庭壓力，甚至會影響工作品質及生活的滿意度（Sears & Galambos, 1992）。

當丈夫與妻子都投身於勞動市場，就會要求重新定義家庭的角色和分工，例如：有可能夫妻雙方婚後好一陣子沒人洗衣服，才意識到必須規定由誰來洗衣服及分攤其他家務。當夫妻雙方都外出工作時，兩人的假期可能不同，他們工作和在家的時間也可能不一致。妻子往往被期望多做些家事、照料孩子，並擔負一些其他傳統女性的角色，凡此種種常導致妻子精疲力盡或對婚姻生活大為不滿。

同時，根據相關研究發現，高品質的雙生涯婚姻與家庭，大致具有十項特點（王以仁等，2006）：(1)收入適中，且丈夫賺得比妻子多；(2)夫妻倆一致認為應以丈夫的職業優先；(3)丈夫支持妻子的職業；(4)孩子已長得較大些；(5)令人滿意的社會生活；(6)丈夫對妻子的壓力體貼入微；(7)彼此間的性關係良好；(8)討論與工作有關的問題；(9)角色互補和分享；(10)共同的活動和朋友關係。

　　近年來，研究者在女性就業所產生的影響方面相當地有興趣，但仍然以女性就業對夫妻間的婚姻和權力結構，以及女性就業對子女發展與子女關係方面的研究最多（黃迺毓、黃馨慧、蘇雪玉、唐先梅、李淑娟，1995）。但不可否認的，女性就業對子女最重要的影響，是來自對子女的照顧問題，在這方面，只有少數的就業母親，能同時兼顧工作與照顧孩子；有些則是將父親與母親的工作時間設法分開，但多數雙生涯家庭在尋求子女照顧問題的解決時，多半是仰賴第三者，其中包括：幼兒中心的群體照顧方式、親戚的照顧方式（主要來自祖父母的協助），以及僱請褓姆的照顧方式。多數家庭對子女的照顧方式係多樣性的，就如平時對幼兒的照顧是以褓姆為主，但當褓姆有事或請假時則請祖父母幫忙。

貳、夫妻失和離婚的困擾

　　隨著今日社會的快速變遷，除了在家庭結構方面產生了頗大的改變外，離婚率也在不斷地升高。根據內政部戶政司公布的統計數字，臺灣在1990年時每年只有二萬五千對夫妻離婚，到了2000年每年就有超過五萬對夫妻離婚，而2010年則每年更有高達將近十二萬對的夫妻離婚。

　　若從西方國家相關的統計數字來看，美國離婚的情形更是令人驚訝。現今約有一半的美國家庭最後會以離婚收場，有將近百分之五十的兒童，在其成年之前會居住在單親家庭中。

　　Gottman與Levenson（2000）的研究發現，在結婚頭七年期間，若夫妻互動時經常缺乏正面情感的交流，往後將造成其離婚收場，此為最佳的預測變項之一。George與Michael（1995）的研究發現，促使配偶選擇中斷婚姻關係的因素，依序為：(1)外遇的發生；(2)婚姻情感的消失；(3)個人情緒問題；(4)經濟財務問題；(5)性生活的失調；(6)親戚關係的處理不當；(7)子女的問題；(8)婚姻暴力與虐待；(9)酗酒與犯罪行為；(10)就業問題。

　　透過婚姻所建立的家庭可能是一個人最溫暖的窩，也有可能是最殘酷的地獄。美滿的婚姻與幸福的家庭是需要長期且用心的經營，否則難免淪落為「婚姻是愛情的墳墓」。丈夫在外受氣或工作不順遂，沒有理由或不便於對別人發脾氣，只

好回去罵配偶和孩子，情緒變得十分激動，一個小小的事件，往往可能釀成大禍。家是最危險、殘酷的地方，但也可能是最溫暖的地方。每當看到小孩子的成長，或跑過來要求抱抱時，那種感覺真好！當你發現家的殘酷大於溫暖時，應趕緊找人傾訴、協談，設法尋求解決之道，以免愈陷愈深；等到家庭發生不幸的悲劇再後悔，可就來不及了！

同時，正在考慮是否要以離婚來解決問題的夫妻，應先仔細考慮以下幾項後，再做定奪：

1. 冷靜地思考。走出婚姻和走入婚姻一樣是一件重大的抉擇，切勿在一時衝動的情況下匆匆定案。冷靜的思考，包括在情緒上適度的處理和疏導，以及對離婚的後果十分清楚並願意自我負責而不後悔等。

2. 妥善安排子女。父母離婚勢必會對孩子造成某種傷害，若考慮到與其讓孩子在爭吵中生活，不如讓他們在單親的撫養下安定成長，那就需要幫助孩子去了解到，他們沒有任何責任，父母絕不是因為其不乖或犯錯而分手。對於日後要如何安排探視子女，也應一併考慮在內。

3. 考慮經濟因素。離婚後如何使雙方和孩子都能在往後的日子上不虞匱乏，而維持某一水準的生活，這些都是必須優先考慮者，特別是針對擁有監護權的一方。

4. 是否再給眼前婚姻一個機會。有不少的婚姻在面臨離婚情境時，若能再給彼此最後一個機會，而使婚姻獲得了轉機。特別是將最後的機會用來向專業輔導機構或諮商專家求助。

離婚之後，當事人受傷的程度，先要看是誰提出來要離婚的。若非出於自己意願，而在無可奈何之下離婚的一方，固然在感情上受到很大的傷害，但是另外一方也會在離婚前後，承受相當程度的壓力、煩惱與受傷。我們可以說，離婚的雙方都是犧牲者，二人在適應上都要做些努力。離婚也會影響當事人對自我形象產生較負面的觀點。許多離婚的人都感到自己是個失敗者，覺得自己在婚姻中沒有能夠成功地讓自己及對方滿意；而這種失敗的感受，往往需要一段時間來紓解，才可能康復。若他們的婚姻中已有了孩子，則單親家庭帶給孩子的衝擊，又是另一個嚴重問題。

參、單親家庭的問題

在競爭激烈的社會裡，功利主義大為盛行，人們追逐金錢之風日烈，一味的尋求物質生活的享受，而忽視了精神生活方面的充實。所以，傳統的社會倫理規範不再被重視，加上婦女走出廚房，進入社會工作，在經濟上亦可自己獨立，外遇問題不斷的產生，造成夫婦不和、離婚的情況日益嚴重；如此一來，必定產生更多的單親家庭（single-parent family）與單親兒童。

事實上，單親家庭因發生原因的不同，可分為以下五種類型：

1. 離婚所造成的單親家庭。
2. 外遇所造成的單親家庭。
3. 分居所造成的單親家庭。
4. 喪偶所造成的單親家庭。
5. 入監服刑所造成的單親家庭。

在以上五種不同原因所造成的單親家庭中，以前述三種與婚姻生活有問題及夫妻感情不睦等相關因素者，所占的比例最高。伴隨著離婚率的揚升，帶來大量單親家庭的產生。

所謂「外遇」（extramarital sexual relationship），廣義的定義為：泛指婚姻中的夫妻任一方，在情感上有所轉移；而狹隘的定義則為：當婚姻一方與配偶以外的異性發生性關係時，就構成了外遇的事實（簡春安，1991）。此外，有學者認為男女的愛情是一對一而具有排他性的，當第三者介入婚姻時，便是對二人世界的排他性構成挑戰。從多數的定義來看，「性關係」已成為外遇關係的必要條件，但面對沒有涉及肉體關係的「精神性外遇」，卻往往不是在此定義下所能討論出結果的。

國內學者從學理上來探討，認為外遇現象的產生不外是由下列六項因素所導致（彭懷真，1996；簡春安，1991）：(1)夫妻之間溝通不良；(2)婚姻中的夫妻角色協調不當；(3)遭遇困境時，夫妻處理問題的技巧不足；(4)夫妻之間的性格無法協調；(5)夫妻認知與觀念的衝突；(6)夫妻性生活不協調。

從美國研究的相關數字來看，大約有百分之四十到五十的男性曾經發生過婚外性行為，而女性發生的比率相較之下則低些。但在臺灣，對於這樣的具體統計數據較為少見，不過對現代社會來說，外遇問題的普遍性與嚴重性，已經是人們可以明顯感受到的事實。

近二十年來，單親家庭在臺灣及美國等高度現代化國家的社會，均相當快速地增加中，且絕大多數都屬於以女性為主（female-headed）的單親家庭，約占十分之九，而以男性為主（male-headed）的單親家庭只占十分之一。

同時，以女性為主的單親家庭在財務方面較不穩定，且其平均收入往往會比以男性為主的單親家庭之收入少得多。因此，單親媽媽通常較正常雙親家庭中的母親，缺乏可以用來教養子女的資源；而在贍養制度未健全，能足以保護母子可免於挨餓時，其所面臨之經濟困境是可想而知的。因經濟問題之考量，單親媽媽必須上班，而將年幼的孩子交給他人廉價的白天照顧（day care）。在此情形下，對親子關係與孩子的發展，都會造成相當嚴重的負面影響。

在單親家庭中，除了離婚與感情不睦所造成的單親家庭外，近來另有新興的一大類型，即是青少年未婚媽媽所組成的單親家庭。由於青少年階段還未有成家打算，也沒有養家的能力，其懷孕生子多屬意料外的事情，而後果也多半由女性承擔。這些未婚媽媽在經濟上尚無法獨立，人格方面亦不夠成熟到足以為人母親，其壓力往往較年長有經濟基礎的母親來的大些。

在國內，單親家庭的比率也在快速上升中，相關的調查研究因對單親家庭的定義模糊，資料來源亦不一致，迄今仍無合理的正確推估。筆者所接觸的許多國小老師紛紛反應，在一個班上大約有五分之一的學生來自單親家庭。同樣的，其中也以單親媽媽的情形來得較為嚴重，包括：經濟問題、感情困擾、孩子的人格發展與生活管教等，在在都是難以擺平的窘境及困惑。同時，這群單親兒童由於缺乏完整的愛與歸屬感，在與同儕相處的生活中，往往顯得孤僻、冷漠與自卑，不僅不熱衷參與各項活動，其人際關係亦不佳；甚至有部分單親兒童經常有遲到、逃學、衣著不整、蓄意破壞等問題行為，確實令人頗為憂心。

從上述現代社會所存在的家庭問題（或問題家庭）分析中，也可讓吾人以另一個角度從個體互動觀點來進一步思考。人類本屬一種群居的動物，其思想、行

為莫不受到周遭他人的影響。家庭是社會的一小部分，家庭當然也是一個系統，每個成員都在系統的支持下運作，且每一成員都會主動地尋找自己的搭檔作為擋箭牌，以保護自己在家庭中的地位，這些被當作擋箭牌的人可能就成為「被認定的個案」。也許他會鬧的家庭不可開交，也有可能是靜靜的自生自滅，通常家中也經常會看到這些哭鬧上吊的人，以自殺、離家出走等來向周遭的人求救。但是，也應同時注意那些不做聲響的人，他們往往才是最危險分子，身為夫妻和父母者應隨時注意你的另一半及家中的每一位成員（王以仁等，2006）。

肆、另類家庭隱然成型造成的衝擊

隨著時代快速地變遷，加上資訊與價值理念的多樣化，進入二十一世紀之後，在家庭型態上會有更大的變異性出現。所謂擁有雙薪而不願生育之「頂客族」（DINK / Double Incomes, No Kid）的「自願不生育孩子家庭」、同性戀家庭，以及單身者家庭等新類型，所占的比例已迅速地竄升成長之中。

國內外的頂客族家庭，絕大多數都是高社經地位人士，他們追求更高品質的生活享受，二人獨善其身而拒絕生養孩子的重責大任。他們將家庭中繁衍子嗣的典型功能，完全置諸於腦後！

近年來，國內因著性別多元化的推動，以及《性別平等教育法》的通過，同性戀與雙性戀者勇於站出來表達其情感及需求，並積極大聲呼籲，期望能被社會接受其婚姻與繼承上的合法地位，亦即正在大力地推動「多元成家方案」；同時，國外更是設法爭取收養孩子，使同志的家庭也能親子同處，而成為另一種新興的家庭類型。

這些新類型的家庭大都不願或不能生育兒女，對於國家整體的人口政策必然會造成頗大地影響；同時，這類家庭組合所釋放出來的思想觀念，也會嚴重衝擊著固有的家庭價值，進而影響青少年對其未來婚姻與家庭的整體規劃。

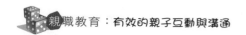

第二節　未來親職教育的挑戰與因應

　　在後現代（postmodern）的二十一世紀，強調個人所擁有的知識，都是從其社會脈絡中發展出來的。也就是說，任何一個人的信念或對於現實的看法，不能由客觀的詞彙來定義，而是由社會與個人互動所發展出來，並與特殊的歷史情境及個人主觀經驗有密切的關聯性（李茂興譯，1996；Goldenberg & Goldenberg, 2012）。

　　眾人皆知，父母對孩子一生發展有重大的影響，親子間之關係亦如此地密不可分，同時彼此間的互動溝通模式與家庭觀念也會代代相傳下去。然而，在面對資訊快速發展的二十一世紀，家庭中應如何進行適合新世紀潮流的「親職教育」，實在值得吾人不斷地去深入探究。

　　二十一世紀整體社會價值與發展之特性，筆者在第一章緒論中將其歸納整理成七項，分別為：(1)多變與多樣性；(2)資訊透明性；(3)通訊快速性；(4)性別的開放性；(5)地球村的國際性；(6)價值的相對性；(7)休閒娛樂調適性。

　　分析了本世紀社會價值與發展的種種特性後，接著要提出在未來的世紀中，面對親職教育將遭遇的七大挑戰，分別陳述於後。

壹、傳統父母親角色的改變與因應

　　在以往傳統上，父親扮演的角色偏向於維持家計及聯繫家庭與外界大社會的工具性角色，而母親則傾向於處理家中事務及教養子女的情感性角色之扮演，這也就是中國人多年來的「父養家，母持家」之刻板角色形象。

　　今日，婦女大量就業所帶來的影響，已使得現代的母親角色，由過去單一的家庭角色，擴展為雙重的家庭及職業角色；同時，也帶動了現代父親在家庭角色上的轉變，由過去單一的職業角色，逐漸投入家事育兒的角色中。

　　可見現代社會上父母角色的區分，不再過分強調以性別為分配指標；母親也被期待擔負外出賺錢的職業角色，而父親在家庭角色上，亦被期待由過去的「配

角」轉為密切積極參與的角色。因而呈現出現代的父母親，被期待要能彼此合作、共同分擔家庭與職業雙重角色的社會趨勢。

　　基於上述時代社會的變遷，家庭中父母親的角色與標準也隨之產生了頗大的變化。在多元社會型態下，父母親二人可就其個人意願與選擇自由，以彈性和協商的方式來做角色分工。因此，各種父母角色分工的情形都會同時存在於現代社會，包括「父養家、母持家」、「父母共同養家、持家」、「父持家、母養家」等型態。

貳、新世紀對親職教育的殷切需求

　　在社會變遷快速的今日，教導子女成為愈來愈困難的一件事。有些學者專家強調，應在小學和國中教育階段安排親職教育，強迫每位學生從小就學習起，如此方能協助每位結婚後生養孩子的父母，均能扮演稱職的父親或母親；甚至對於日漸增多的未婚媽媽及其帶來的社會問題，亦可因此而大量減少。比起生育與養育子女而言，教育子女長大能夠成為一個有用的人，確實不是一件自然而容易的事情。多數的教育專家都呼籲，為人父母者都應接受一系列的「親職教育」或「有效能父母之訓練」。

　　研究調查顯示，頗多的父母正從其應擔當的親職教育中推卸責任，這並不一定代表他們不關心，而是因為他們不知道如何去對當前快速變化的世界做出適當的反應。同時，筆者綜合相關學者的分析（王以仁等，2006；廖永靜，2000），得知社會快速變遷所產生的家庭組織結構與教育功能的改變，分別歸納說明如下。

一、家庭組織結構方面的改變

　　1. 大家庭減少，小家庭增多，加上住所搬遷機會大，使得年輕父母不易獲得長輩的育兒指導。

　　2. 社會上女權的提升，使家庭中的權力結構趨向夫妻平等，連帶影響對子女的教育；加上民主教育的主流發展，使父母產生以民主、尊重的態度，來薰陶子女民主素養的覺醒。

3. 離婚率的大幅增高，使得子女受此負向經驗傷害的機會，亦隨之大為提升。

4. 單親家庭漸增，單親個人不易兼顧雙親角色，親子關係也需再做調適。

二、家庭教育功能方面的改變

1. 產業工業化、科技化減少了勞力的需求，延長了青少年受扶養、受教育的年限，使父母遭遇子女教育問題的種類增多。

2. 親子共同工作的機會比農業社會減少很多，加上對學校教育的依賴逐漸增加，使現代家庭失去許多自然的生活教育功能，不但親子距離拉遠，亦無法與學校教育做好連貫。

3. 社會變動太快，使現代孩子有許多父母未曾有的經驗，包括學校新的教育內容，使得親子易生隔閡，促使孩子朝向家庭外的活動發展。

4. 商品、科技等知識日新月異，父母和子女在共享各方新知的過程中，親子關係由權威轉變為友誼，因而家中成員均須新的調適。

5. 就業的母親人數增加，相對會減少其教養子女的時間。

由以上的討論來看，快速變遷社會中的父母確實需要親職教育。親職教育是父母因應時代需要，為求成功扮演親職角色所做的自我教育；它是經由教育或學習的方式，培養父母教育子女的能力，並努力學習如何去教好子女的新方法，以達成其適當職分的教育。因此，藉由親職教育使父母獲得有效的教養知識，而能因應各種實際發生的子女教養問題。

參、系統觀點的親職教育方案

參考有關親職教育基本相關理論，可以了解傳統中無論是心理分析學派、行為學派、人本心理學派等親職教育方案，其焦點都在強調個體（individual）的改變，而忽略了個體與其周遭重要家屬和環境間的互動關係。因而，近年來親職教育專家均強調，應該以一個整體系統觀點（a system perspective），來推動親職教育方案，以發揮其實際而具體的功效（王以仁，2010；王以仁等，1996；Osborne, 1989）。

　　雖然，以系統觀點來評估親職教育的成效時，很難有適當的工具來測出家庭功能和家人之間的互動情形；但傳統上強調教導父母如何來教養孩子的狹義親職教育，應擴大到針對整體的家庭教育（family education），也就是相關訓練至少應包含父母及兄弟姊妹在內。在此特別強調一種循環模式（circular model），其認為父母與孩子之間，以及孩子相互之間，都會彼此互相影響而產生其循環性；現代父母所接受的親職教育訓練，應能配合兒女的特殊需求，亦即個體的行為必須符合其本人的家庭生態（family ecosystem）。

　　在國內外，系統觀點的親職教育方案有逐漸被多方運用的趨勢（王以仁等，1996；Roberts, 1994）。這類方案模式通常是以團體的方式進行，為期十二週，每週有二個半小時的單元內容，但在其過程中最多僅能有五個家庭加入，不過每個家庭的全體成員，都應該出席每週一次的活動。這個方案的目標是希望透過家人之間關係的改善，來增進整個家庭功能的發揮。針對此一方案的評鑑，應考慮整體生態之情形，包括：孩子、父母、家庭及社區文化等因素。此類模式包括以下三個階段，扼要介紹如下：

　　1. 分別和每一個參與的家庭成員進行初次晤談（initial interview），藉此蒐集每個家庭的相關背景資料，並評估其家庭力量和設定目標，期使訓練結果能夠更符合各個家庭的特殊需求。

　　2. 正式為期十二週、每週二個半小時的團體訓練內容，分別針對如何了解家人間的彼此互動，介紹個人在生理與認知方面的發展，道德發展理論，溝通和問題解決技巧，改善夫妻與手足之關係，討論家人之間關係的維持與改變，設定家人彼此間的界域（family boundaries），討論家人的角色與家庭的規則，將遊戲帶入家族治療與家人的學習中，學習將說故事引入親職教育改進中，全家人討論並評估此一方案是否達到了起初所定的家庭目標。

　　3. 進行追蹤評量（follow-up evaluation），自此一模式結束訓練後的六個月起，到一年期間。

　　總之，現今的親職教育方案，應考慮到以整個家庭為目標，以改進整體家庭之功能；同時，家中所有成員均應參與此一訓練，其目標焦點鎖定在彼此更能了解自己的家庭，以及懂得如何有效地解決自家的問題。

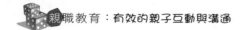

肆、父職教育的重要與推展

父職教育係為了協助父親扮演良好的父職（fatherhood）角色，而提供父親有效的相關教育方案。平心而論，在孩子的發展與學習過程中，父親是不能也不應該缺席的；今日諸多的家庭問題和青少年偏差行為等方面，往往與父親的父職功能不彰或是缺乏此方面的認識，有其密切的關聯。

然而，Levin 與 Pittinsky（1997）所出版的《職場上的父親》（*Working Fathers: New Strategies for Balancing Work and Family*）一書，以及 Slayton（錢基蓮譯，2013；Slayton, 2012）所著的《我是好爸爸》一書，都同樣提到對男人而言，工作和家庭兩個角色已無法再分開，他除了要扮演職場上的強人之外，也應同時考慮到如何與妻子相互配合，以完成爸爸在家中所應盡的義務。

根據國內對父職方面的研究發現（郭佳華，2001），針對父職教育之需求、父職教育活動方式，以及父職教育方案之成效，略述於下：

1. 父職教育課題與學習需求：(1)父親須學習自我的心靈探索，有助於自我成長；(2)父親須學習溝通技巧，學會對家人適當的表達方法；(3)父親的學習可以增進親子、夫妻間和諧的關係。

2. 父職教育活動方式：(1)父職教育方案以成長團體的方式進行，較能引發父親參與的動機；(2)父職團體的進行以角色扮演、實際演練的方法，較能引起其學習及分享的興趣；(3)父職團體的氣氛應保持輕鬆、沒有壓力，如此父親參與的動力才會持續。

3. 父職教育方案之成效：(1)以團體方式進行的父職教育方案，父親的參與動機提高，並宣誓其有持續學習的意願；(2)父職教育方案能協助父親主動談論個人的內心感受，增進溝通的技巧；(3)從參與父親臉上笑容的增加，表示其具有願意改變的態度；(4)團體中動態活潑的活動，有助於父親在同儕支持的學習環境下，發揮從做中學、從樂中學的正面效果。

伍、父母須不斷的成長與終身學習

　　二十一世紀要想擁有成功的社會，其主要的條件將是全體人民積極主動地參與相關學習，以各種方式進行終身學習（lifelong learning）。近年來，聯合國教科文組織提出「學習無國界：建構終身學習的開放學習社區」專題報告，其中特別強調身處現今複雜紛亂的世界，個人及其社區都必須能持續發展及運用各種不同的知識架構、價值體系，以及相關之技能。針對終身學習需要採較為寬廣的觀點，並賦予其全新的意義；學習不再是一種儀式，也不只是與職場工作有關而已。

　　同樣的道理，隨著時代快速之變遷，家庭這個小社會及其居於領導地位的雙親，也有必要藉由終身學習，來強化其個人不斷地自我成長。在這領域內的學習活動，又可分為以下五項，分別加以說明之：

　　1. 實施親子共學：利用機會安排全家一起的親子共同學習，除了知性內容以外，亦可進行全家人一起的體能與休閒活動。

　　2. 加入學習成長團體：由各縣市家庭教育中心、教育局（庭）或社教單位，所辦理的父母成長團體等。

　　3. 參加相關的讀書會：在相關社區經常辦理媽媽讀書會、企業爸爸讀書會，以及學校辦理的義工家長讀書會等。

　　4. 投入社區學習營：社區常舉辦一些電腦、網路之研習，以及媽媽教室型態的英文班、插花班、拼布班、烹飪班等。

　　5. 利用網路資訊的學習：e世代電腦網路特別的發達，父母們可透過網路資訊的學習，經常到一些教育與新知型的網站，去多多吸收與學習。

陸、民主開放社會對父母管教子女的衝擊

　　今日的社會已從傳統權威的生活型態，轉變成自由民主的型態；這種轉變不僅發生在政治、經濟等大環境中，亦發生在家庭、親子互動的小環境裡。過去強調長幼有序、尊卑有別的威權式人際關係，已轉變為彼此尊重、各自平等的民主

式人際關係。也因為如此，今日的孩子已不再願意接受昔日順從的角色，在其生長的環境中，所見所聞都是講求平等，例如：男女之間爭取平等、族群之間爭取平等、黨派之間爭取平等，以及媒體報導上的抗爭事件等。凡此種種均說明，現代的孩子們呼吸著民主的氣息，學習著民主的風範。

尤其現代資訊如此發達，孩童透過漫畫、雜誌、電視、CD、DVD，以及電腦網路系統等方式，很容易獲得各式各樣的不同訊息，父母幾乎無法運用過去傳統的圍堵、禁絕方式，來達到徹底封殺之成效。因此，為人父母者應擴展自己的生活觸角，多去了解孩童經常在看些什麼、談些什麼或做（玩）些什麼才是。

令人遺憾的是，一般父母對孩童期子女的管教方式，均採用較多的控制與要求。不少的父母對孩子仍然使用懲罰、訓誡、威脅等傳統管教方式，卻不知這些方式在講求平等的今天已逐漸失效。另外有一部分父母，雖被迫了解到權威方式在管教子女上不再有效，然而在管教子女方面應如何正確有效的進行，卻依然感到不知所措；有時是不知孩子有什麼問題，有時是管教的寬嚴不一、前後矛盾，造成了對子女管教上的頗大衝突。

柒、父母扮演孩童的「嚴師兼好友」雙重角色之挑戰

在兒童發展相關理論的探討中，經常強調：家中每一個體受其先天遺傳與後天環境不同之影響，而擁有其個人的獨特想法、個性、情緒與期待。父母與孩童都可說是家中的一分子，雖然是朝夕相處且有某種程度的感情或血緣之親，但仍應學習彼此相互尊重與理性地探討問題。

在今天高度工業化、資訊化的時代中，家庭與鄰居往來的時間減少，且核心與雙生涯家庭夫妻所生的孩子亦限於一、二個；因此，為人父母者不但要能把握平日生活接觸時的機會教育，教導孩童許多做人處事的道理，塑造其良好的生活常規與修養外，也應同時與孩子聊在一塊、玩在一起，舉凡一同看電視、玩線上遊戲、打球運動、家電修理與清洗車子等。

「嚴師」與「好友」這二個角色，乍看之下似乎相互排斥、格格不入，但仔細推敲起來二者兼顧並無太大困難，問題在於為人父母者能否體認到在孩子面前

扮演「嚴師兼好友」的重要性。這也就像平日吾人常提到的「扮黑臉與唱白臉」，只要轉換的合宜，一個人未必不能同時加以兼顧。在家中夫妻的分工上，難免會有一位傾向於黑臉的「嚴師」角色，另一位則相對於扮白臉的「好友」角色；但較理想的情形是，「嚴師」者亦能不時出現「好友」的行為，而「好友」者也應適時表現出「嚴師」的要求。

　　針對現代父母面對孩童時，要如何同時扮演好「嚴師兼好友」的雙重角色，筆者在此就個人多年來的相關經驗與看法，列舉以下七項管教孩童的技巧與態度，以供參考。

一、多多接近孩童，並傾聽其意見

　　我們要想多了解孩子，就必須常常接近他。尤其是年幼的兒童，特別需要成人的鼓勵與親密的擁抱。做父母的應多接觸孩子，聽聽他的看法與意見（雖然多半是不夠成熟），重視他所發出的問題，如此一來必可形成一種良性的互動關係；到時候你對他有所勸誡與忠告時，孩童也較容易去接受。

二、經常保有基本的三心：細心、耐心與同理心

　　孩童在發展、學習的階段中，他們所能了解與自我表達的能力均不足。為人父母者必須適時適度地引導、教導他，並隨時細心觀察孩童的行為舉止，耐心的溝通、勸說，且能以同理心感同身受的態度，來對待孩子。若能具備細心、耐心及同理心，也就包括吾人常提的「愛心」了！有了愛的接觸與關懷，孩童自然能在積極而正向的環境中成長。

三、掌握獎懲的時效與原則

　　在管教孩童的諸多方式中，獎懲一項是被運用的最多也最受爭議者。在此僅就筆者個人認為管教孩童時，運用獎懲的幾項要點分述如下：

　　1. 獎勵時儘可能地公開。獎勵是人人所盼望獲得的，孩童也是無法例外。但若能把握「揚善於公堂」的原則，獎勵時儘量地公開，不但對當事人發揮的增強效果更大，亦可成為其他兄弟姊妹模仿的好對象。

2. 懲罰時應私下地進行。懲罰往往是針對孩童做錯的某件事情加以處分，以收嚇阻之效，並有提醒其不可再犯的意思。私下懲罰係「規過於私室」，以保留孩童的自尊，使其能自我警惕、改過遷善。

3. 獎懲的時間要與事實發生的時間儘量接近。針對幼兒的良好表現或過錯失誤，要進行適當獎懲時，應儘可能地緊接在事情發生之後，以免延遲過久而導致孩童搞不清楚他是為何受獎勵或因何事而遭到處罰。

4. 重視獎懲所發揮的功效。這裡所強調的是：獎勵的內容必須是孩童最為喜愛而渴望獲得者，而處罰卻是孩童所逃避與害怕者。如此的獎懲才能收到其應有的功效。

四、對於孩童的要求不可過高

孩童尚年幼時，經常會調皮而好動，這時父母不應對其要求過高，或將他當成一個「小大人」一般的加以管理。過高的要求不要說孩子不易做到而遭遇挫折或受處罰，就算勉力達成，亦會養成他凡事要求完美的不合理性之企求。

五、不要惹孩童生氣，更不可將他當作代罪羔羊

每個人都有他自己的個性與喜好，孩童也是如此。家長應懂得去尊重孩子的某些決定與作法，不要任由自己的高興，就隨意去刺激孩子惹其生氣。同時，大人更不可以將自身的挫折與不滿，發洩轉移到孩童身上，使他成了出氣筒或是代罪羔羊，動輒遭到成人的責罵或處罰。

六、信守對孩童的承諾，事事以身作則

我們經常可以看見，有些家長要求孩子不可這樣、不可那樣（例如：不可以罵髒話，吃飯時口中有飯不要說話等），但大人自己卻可以毫不在乎的一犯再犯，孩童如果注意而提起來，卻反駁道：「小孩子不要管大人的事……」。切記「身教重於言教」，成年人應該時時警醒，凡事都要以身作則。尤其是答應孩童的事，一定要儘可能地實現；萬一真有困難（不要隨便的找藉口），也應很真誠地向孩童說明。絕不可以因自己是大人，就表現出一副我愛怎麼樣就怎麼樣的態度。

七、雙親間的管教方式應儘可能地協調一致

　　每個人對孩童的管教要求，都各有其不同之標準。往往在一個家庭中，父母之間或隔代之間對孩童的寬嚴規定不一，管教的方式自然也不相同；如此這般，很容易造成孩童的投機取巧或不知所措。因此，雙親間對孩子的管教方式應儘可能地協調一致，以免造成管教孩童上的某些死角。

　　在現代的臺灣社會中，問題家庭、離婚與破碎家庭的比率雖不像美國那麼驚人，卻也有逐年增加的明顯趨勢，這樣的現象實在是令人相當憂心。根據許多研究資料顯示，問題青少年大多是來自於不完整的家庭，尤其是自幼年起就受到破碎家庭暴風侵擾的孩子；同時亦有研究指出，即使家庭結構完整，如果家庭成員間的關係不佳，彼此疏離、冷落與對抗，也會促使幼兒長大後產生問題行為。因此，不但是婚姻諮商、家庭諮商與家族治療在今日社會應廣泛而有系統地大力提倡，更應防微杜漸地從根做起，加強現代「親職教育」的積極推行與落實，方可期待在溫暖家庭中能自幼開始培養出身心健全的個體，同時亦將有效地降低各種家庭問題與困擾的發生。

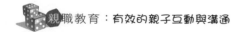

本章摘要

近年來，因多數婦女都投入工作市場，產生了所謂的「雙生涯夫妻」。雙生涯家庭具有特殊的時代意義，它代表著打破傳統「男主外，女主內」的性別角色及家庭分工的意識形態。雖然丈夫會因為妻子為職業婦女，而分擔比過去更多的家事責任；但這些妻子在家務事與照顧孩子方面實際所做的，仍遠比丈夫為多。對很多投入職場的全時女性來說，在家中仍然要做大部分的家事，除非妻子在其性別態度上非常傳統，或是其所屬的工作係兼職性質，否則丈夫對於家事的低參與感，往往會形成妻子在心理上的不愉快。

隨著今日社會的快速變遷，在家庭結構方面產生了頗大的改變外，離婚率也在不斷的升高。促使配偶選擇中斷婚姻關係的因素，依序為：(1)外遇的發生；(2)婚姻情感的消失；(3)個人情緒問題；(4)經濟財務問題；(5)性生活的失調；(6)親戚關係的處理不當；(7)子女的問題；(8)婚姻暴力與虐待；(9)酗酒與犯罪行為；(10)就業問題。

在競爭激烈的社會裡，功利主義大為盛行，人們追逐金錢之風日烈，一味的尋求物質生活的享受，而忽視了精神生活方面的充實。所以，傳統的社會倫理規範不再被重視，加上婦女走出廚房進入社會工作，在經濟上亦可自己獨立，外遇問題不斷的產生等，造成夫婦不和、離婚的情況日益嚴重；如此一來，必定產生更多的單親家庭與單親兒童。單親家庭因發生原因的不同，可分為以下五種類型：(1)離婚所造成的單親家庭；(2)外遇所造成的單親家庭；(3)分居所造成的單親家庭；(4)喪偶所造成的單親家庭；(5)入監服刑所造成的單親家庭。

隨著時代快速地變遷，加上資訊與價值理念的多樣化，進入二十一世紀之後，在家庭型態上會有更大的變異性出現。所謂擁有雙薪而不願生育之「頂客族」的「自願不生育孩子家庭」、同性戀家庭，以及單身者家庭等新類型，所占的比例已迅速地竄升成長之中。近年來，國內因著性別多元化的推動及《性別平等教育法》的通過，同性戀與雙性戀者勇於站出來表達其情感及需求，並積極大聲呼籲，

期望能被社會接受其婚姻與繼承上的合法地位，亦大力地推動「多元成家方案」。

在未來世紀中，面對親職教育將遭遇的七大挑戰，分別是：(1)傳統父母親角色的改變與因應；(2)新世紀對親職教育的殷切需求；(3)系統觀點的親職教育方案；(4)父職教育的重要與推展；(5)父母須不斷的成長與終身學習；(6)民主開放社會對父母管教子女的衝擊；(7)父母扮演孩童的「嚴師兼好友」雙重角色之挑戰。

家庭這個小社會及其居於領導地位的雙親，也有必要藉由終身學習，來強化其個人不斷的自我成長。在這領域內的學習活動，又可分為：(1)實施親子共學；(2)加入學習成長團體；(3)參加相關的讀書會；(4)投入社區學習營；(5)利用網路資訊的學習。

針對現代父母面對孩童時，要如何能同時扮演好「嚴師兼好友」的雙重角色，在此提出七項管教孩童的技巧與態度，分別是：(1)多多接近孩童，並傾聽其意見；(2)經常保有基本的三心：細心、耐心與同理心；(3)掌握獎懲的時效與原則；(4)對於孩童的要求不可過高；(5)不要惹孩童生氣，更不可將他當作代罪羔羊；(6)信守對孩童的承諾，事事以身作則；(7)雙親間的管教方式應盡可能地協調一致。

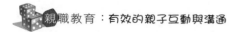

親職教育：有效的親子互動與溝通

班級／小團體活動

活動名稱：人生座右銘

一、目的

　　1. 使成員之間，彼此能有更深入地了解。

　　2. 互相分享每個人的人生觀及價值觀。

二、一般說明

　　1. 團體人數：8～10 人分為一小組。

　　2. 時間：30～40 分鐘。

　　3. 場地與教材：上課教室分小組進行。紙、筆、桌子、椅子。

三、實施程序

　　1. 針對每位成員發給他一張白紙，請他在紙上寫下自己目前的人生座右銘（若想不起來，也可寫自己最喜歡的一句話、一首詩來代替）。

　　2. 當全體都寫完之後，再分別邀請每位成員來說明、分享與相互回饋。

問題與討論

1. 請列舉雙生涯家庭中常見的難題有哪些？並分別提出你自己想到的解決方法，請扼要加以敘述之。

2. 如何能減少離婚所帶來的單親家庭之嚴重困擾問題？試提出你個人之意見，並詳細加以說明。

3. 試比較以女性為主的單親家庭與以男性為主的單親家庭，有何差異？並以性別平等的觀點來加以評論之。

4. 試針對性別多元化觀點與「多元成家方案」的推動，提出將來可能在親職教育中所產生之重大衝擊為何？並請提出你個人的評論見解。

5. 請提出你自己心目中「嚴師兼好友」的理想雙親形象？並說明應如何去加以落實。

194

Chapter **9**

親職教育相關資源的運用

學習目標

※現代家長能利用的親職教育相關資源有哪些？

※閱讀素養包含的內容為何？

※何以閱讀素養會成為國際間評比教育競爭力的關鍵指標？

※紙本的書籍或刊物比起 e 化的電子書有何差異？

※繪本在親子共讀方面有何正面功能？

※《你很特別》這本繪本書的編寫宗旨為何？

※《熱鍋上的家庭》這本書的編寫宗旨為何？

※臺灣較著名的家庭或親子類期刊有哪些？

※在臺灣，中央單位的家庭與親職教育機構及其網站有哪些？

※在臺灣，地方單位的家庭與親職教育機構及其網站有哪些？

※目前臺灣較為著名的家庭與親子諮詢輔導專線為何？

變遷的家庭價值與家庭教育

日昨內政部公布統計數據，2012 年平均初婚年齡：新郎 31.9 歲，新娘 29.5 歲，新郎與新娘的初婚年齡十年來分別增加了 0.9 歲及 2.7 歲，呈現日趨晚婚的現象。

就在內政部公布這項資訊的同時，由實踐大學家庭研究與兒童發展學系、臺灣家庭生活教育專業人員協會、臺灣家庭生活教育專業人員協會、臺中幸福家庭聯盟、愛盟家庭文教基金會及中華二十一世紀智庫協會等單位，共同舉辦了為期二天的「2013 年臺灣家庭政策國際研討會暨城市論壇」。會中分別邀請來自美國、新加坡、澳洲及韓國等地之學者專家，一起來彼此分享、相互學習。

這個研討會以學術研究為基礎，進行家庭政策的一系列規劃、執行與評鑑；同時，整合各部會與跨專業，積極推動家庭教育與家庭服務，期盼能促進臺灣家庭政策的良性發展。

其中有學者指出，美國為了阻絕高離婚率而從上游開始做努力，大力提倡「配偶及親密關係教育」、「健康家庭之倡導」等；尤其是針對調動頻繁的軍人，特別善用「軍中牧師團」，成為軍人家庭的重要支持來源，藉此幫助對婚姻有承諾的夫妻，預防或降低家庭危機及婚姻風險。

新加坡政府則從務實的角度設法延續華人的家庭與孝道觀，除了推出真實動人的家庭婚姻廣告之外，在實際的政策方面，更提出新婚夫妻優先配房、生育補助、育兒津貼、事親或養兒高免稅金額、學費儲金等，不但項目繁多且金額具一定的吸引力，如此才能夠真正達到讓民眾「心動後才會產生具體行動」的目的。

研討會中有臺灣學者提及，臺灣近來在亞洲地區又多拿了幾個與家庭婚姻有關的「第一名」，包括：離婚成長率上升最快、新生兒出生率持續低迷，以及老年人口的大量增加等；這幾個「第一名」，對一個社會的長期發展恐怕都不怎麼正面。「家庭」是一個國家社會最根本的基礎，曾幾何時臺灣的年輕人瘋狂追隨著「不婚、不生、不養、不教」的四不風潮；如今，「家庭

價值的崩解」與「少子化問題」已成為我國社會和人口政策的極大隱憂。

有人笑稱臺灣在民國四〇或五〇年代出生的一代，雖然目前可算是社會的「中堅分子」，但是從家庭與家人的關係而言，這一群人恐怕亦會是華人社會中「孝順父母的最後一代，以及被兒女棄養照顧的第一代」。

說實在的，在現代環境快速變遷及整體經濟惡化之下，也不忍對下一代有太多的苛求；但如照此趨勢發展下去，家庭價值與功能的萎縮，對社會國家的前途將會帶來不利的影響。

今日，多數父母因忙於工作賺錢以改善家人生活與經濟，往往將孩子放學後的照顧交由「安親班」，孩子的課業學習與成績仰賴「補習班」，甚至三餐也是外食或經常吃便當。如此一來，家庭多數功能幾乎統統「外包」，無怪乎年輕一代會對於成家、生子之類的議題，愈趨「無感」。

馬總統或許是因為多次接見宗教及民意領袖代表，也接收到這方面的大量資訊，因此早在 2012 年底已將 2013 年訂為「家庭教育年」，也責成行政院訂定了家庭教育五年發展的中程計畫，只可惜被重視及落實的程度不夠，而媒體對此議題似乎興趣也不大，因此整體推動起來，顯得意興闌珊。

然而，家庭是維繫一個城市經濟成長、健康發展的關鍵因素；若能關心家庭需求、協助家庭成長，即能創造出愛家的城市和永續經營發展的國家。在此，期盼政府相關單位、非營利組織與社會大眾能共同關心家庭議題，讓我們重新熱烈地擁抱婚姻及家庭，並希望「成家與回家的感覺真好」不再只是一句口號，而能成為每個人內心的真實感受。

（本文係筆者在 2013 年 6 月 1 日，發表於《中國時報》A18 版「時論廣場」）

由上述文章中明顯可知，隨著時代的巨變，對臺灣這個社會與諸多家庭產生許多不利的影響，尤其是原有的敦厚傳統家庭價值更是瀕臨幾乎崩解之窘境。現代的家長必須懂得自我學習與成長，多多利用一些親職教育相關的資源來隨時充電才行。

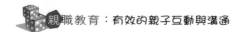

一位成熟的父母應可體認到為人父母之不易，同時也要知道父母角色的職責所在，若是在教養子女上遭遇困難，也應自己主動積極去尋求幫助。父母常見的求助途徑有：向長輩及親友求助、參加各種親職講座或講習活動、尋求專業助人機構的協助，以及自我閱讀相關書籍和資訊。因此，在本章中將分別針對繪本與書刊的搜尋，以及家庭與親職教育機構及其網站等部分，一一加以說明。

第一節　繪本與書刊的搜尋

閱讀素養是本世紀的關鍵核心能力之一。閱讀素養，不僅包含閱讀的能力，更重要的是，要養成閱讀的興趣、動機與習慣；當孩子從小開始養成閱讀的習慣，從閱讀中得到樂趣，則愈有機會成為一個能隨時應變、有能力終身學習的人才。閱讀素養已成為國際間評比教育競爭力的關鍵指標，閱讀能力是二十一世紀知識社會的共通貨幣（何琦瑜、錢欽昭，2009）。曾志朗（2000）曾指出，知識可透過閱讀大量地吸收與獲得，因而閱讀可被視為一個社會進步的象徵，甚至是國家進步發展的指標。現今已經步入 e 化時代，各種知識訊息都可以透過相關網站的搜尋而獲得。然而，紙本的書籍或刊物拿在手上閱讀，仍有其一定的用處和價值功能，例如：前後迅速翻閱而不會眼花撩亂、隨時可以畫重點與摺疊做記號、摸到實質的書頁感到很踏實，甚至聞到「書香」的味道令人感到十分振奮等。

因此，家長想要獲得一些有關親職教育的資源時，仍然可以透過書籍、繪本，以及有關的雜誌和期刊，都是相當有用之途徑。當然，在資訊發達的今日，這些書籍和期刊也有部分已經同步 e 化，而成為「無紙書刊」的讀物，以方便廣大讀者閱讀吸收之所需。

壹、繪本的運用

繪本在臺灣這些年來相當盛行，不但小朋友可以自行閱讀，更適合於親子共讀。在此，僅列舉一本在華人社會中非常流行的童話類繪本故事——由道聲出版社印行的《你很特別》，本書的核心概念在於強調每一個人都有其自我價值，不

需要在乎別人的眼光與批評；也要懂得去自我了解、自我接納、自我肯定及自我實現。該書內容相當豐富，僅將其做扼要之介紹及說明如下。

　　微美克人是屬於一群小木頭人，全部都是木匠伊萊雕刻完成的。每個人都長得不一樣，有高有矮、有胖有瘦；但每一個微美克人都會有一盒「金星星貼紙」和一盒「灰點點貼紙」。

　　這些貼紙的作用大多是為遇到的他人貼上，通常針對有正面優異條件或表現者，就給他金星星；而條件或表現不佳者，就給他灰點點了。例如：漂亮的木頭人總是得到金星星，有才能的人也可以得到金星星，木質粗糙或油漆脫落者就會得到灰點點。

　　胖哥就是其中的一個木頭人，他常常想要跟別人跳得一樣高，卻總是會摔得四腳朝天。因而，其他的微美克人就會為他貼上灰點點，不久後胖哥就因為灰點點太多，而不想出門了。

　　有一天，他遇見一個不一樣的微美克人，名字叫露西亞，她的身上沒有灰點點，也沒有金星星。微美克人很欽佩露西亞沒有得到任何灰點點，有時他們會想給她貼上金星星，但貼紙根本貼不上去；有些人因為露西亞沒有金星星，而想給她貼灰點點，但是也無法貼住。

　　胖哥內心非常盼望自己能像露西亞，所以，他問露西亞是怎麼辦到的。她卻告訴胖哥：我每天都去找木匠伊萊，你也去找他就可以明白了。胖哥猶豫很久才走進伊萊那間龐大的工作室，那兒的每樣東西都好大，連凳子都和他一樣高。

　　沒想到伊萊卻熱情地接待胖哥，並主動地與他交談。伊萊把胖哥抱到工作檯上，仔細瞧著他疼惜地說：看來，別人給了你一些不好的記號。這時，胖哥很難過地表示，絕對不是故意的，因為自己真的已經很努力想做好每一件事情了。

　　這時伊萊安慰胖哥，不用在乎其他微美克人怎麼想。他們怎麼想並不重要，重要的是我伊萊怎麼想，因為你是我所雕刻完成的，我創造你，也覺得你很特別，所以我很在乎你。

　　胖哥好奇的問伊萊，為什麼貼紙在露西亞的身上都貼不住呢？伊萊溫柔的回答：因為她能把伊萊的想法看得比別人的想法更重要，而且當你在乎貼紙的時候，在你身上的貼紙才會貼得住。

　　他並提醒胖哥，從現在開始只要每天來見伊萊，讓他來提醒胖哥「我有多愛你」。

　　當胖哥要走時，伊萊對他說：「你很特別，因為你是我造的，我從不失誤。」胖哥並沒有停下腳步，但他在心裡想：我想他說的是真的。就在他這麼想的時候，一個個灰點點掉了下來。……

　　在本書第三章關於父職與母職的有效訓練中，筆者曾提到四年前應邀前往四川成都參觀「五一二汶川地震」重建二週年培訓課程時，曾去訪視災後重建的某一工作站，了解為地震災區家長開辦為期八週，每週二小時的「親親寶貝」親子培訓班課程，其主要訓練教材就是共同研讀這本著名的繪本書《你很特別》，且有許多親子間感人的互動分享及回饋。

　　在這當中，筆者還聽到一位救災工作者提及此繪本書《你很特別》，在大陸有驚人功效的另外補充說明。他提到，在河南省某一偏僻山區，開辦了一所孤兒院學校，因為孩子們都是各種原因造成的孤兒，有善心人士費心照顧他們在寄宿學校的一切生活和學習，使其無生理或物質上的匱乏；但在學校中，整體氣氛低迷，且在個人心理上難免都會罩上一層陰影。有一天，某一國外團體捐贈大批財物給他們，其中也包括數百本的《你很特別》繪本一書，當全校師生共同閱讀完後，整個學校氛圍產生了一百八十度的大轉變，也改變了許多校內學生對自己與對環境的負面觀點。

貳、書籍與刊物

一、書籍

　　今日臺灣的出版界幾乎已達大爆炸的情況，各類書籍有若雨後春筍般的遍地盛行。家長可透過閱讀書評、藉由學者專家在演講或論述中的介紹等方式，都可以尋得在親職教育方面的好書來閱讀。

　　在本書第三章第一節及第八章第二節中提到近來發行的一本暢銷書《我是好爸爸》（錢基蓮譯，2013；Slayton, 2012），就是筆者於 2014 年 6 月 13 日去高雄參加「2014 臺灣家庭政策國際研討會暨城市論壇」，能以親耳聽到該書作者 Slayton 的演講，而得以接觸到這本好書。

　　其次，由張老師文化出版的一本暢銷書《熱鍋上的家庭》（*The Family Crucible*）（李瑞玲譯，1991），其原文是由 Napier 和 Whitaker 於 1978 年出版。此書是在描寫一個瀕臨破碎的家，接受家庭治療的過程及其心路歷程；從這本書中可以使人深刻的體認到，家庭原本是個人最溫暖的避風港，然而一旦經營不善，也可能成為危害個體人格發展的最大殺手。因為家庭是個體第一個接觸到的社會組織，對個人的思想、行為有著極為深遠的影響力，因而想要了解個體的困擾，必不能忽視探究其家庭成員間的互動關係。這樣的觀點，在整個現今社會也引起很大的迴響。

二、刊物

　　在臺灣，提供一般家長閱讀的各種家庭或親子類期刊並不多見，這與國人缺乏廣泛閱讀的習慣有關。不過，仍有數種不錯的相關期刊，值得筆者在此一一加以介紹。

（一）《親子天下》

　　此份刊物是屬於天下雜誌群出版品中的一種，可說是國內發行量最大的教養

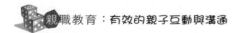

教育品牌者，也有值得信賴的親子社群平台。同時，設有《親子天下》網站，以及連帶出版的《親子天下》電子書及《親子天下》特刊等。

（二）《父母親月刊》

此份刊物從三十年前（1985 年 1 月），由一群關心家庭與親子互動的學者專家所出版，交由臺北市心橋文化事業公司負責發行。曾經於 1994 年度獲得臺北市政府分類圖書展優良圖書雜誌獎中的優良雜誌獎。

（三）《張老師月刊》

此份刊物創立於 1977 年，是一份歷史悠久的家庭與生活類刊物。其隨時回應現代生活，並關懷社會變遷的現象，探討人們的心理、行為與態度，更扣準家長、老師、孩子們不同的壓力和困擾。具有訊息性、知識性、體驗性，歷年來獲獎無數，是了解臺灣心理面貌的權威刊物，也是家庭、校園輔導的指標性刊物。

（四）《道德月刊》

此份刊物係由張榮發基金會文教部發行。因有鑑於當前社會亂象頻仍，道德逐漸式微，長榮集團創辦人暨總裁張榮發先生，自 2008 年 1 月起創辦此月刊，藉由勵志、溫馨的小故事來傳達人生之道。這是一本從 9 歲到 99 歲都適合閱讀的刊物，其內容從個人道德出發，擴及家庭倫理，乃至社會價值，讓人得到啟發，更可讓孩子奠定影響終身成就的品德教育基礎。

第二節　家庭與親職教育機構及其網站

　　有鑑於二十一世紀的臺灣，已經全面進入 e 化的新時代。家長要想快速而廣泛地搜尋家庭與親職的有關資訊，一定要能直接進入相關網站去搜尋才行。其實，與家庭及親職相關的機構和網站眾多，尤其是民間的機構與單位更是多到無法計數，但其品質卻是良莠不齊。

　　在本節中，僅將列舉公立的家庭與親職教育機構及其網站，並分為中央和地方單位二部分來介紹；且於節末，也將幾個著名的諮詢輔導專線一併列出，以供讀者參考運用。

壹、家庭與親職教育相關網站資源：中央單位

網站名稱	網站類別	網站連結	提供資源	建置來源
iLove 戀愛時光地圖	婚姻教育	http://moe.familyedu.moe.gov.tw/front/bin/ptdetail.phtml? Part=pub-lish000001&Cate gory=3	・網站連結 ・出版品電子檔	教育部
愛的存款簿	婚姻教育	http://moe.familyedu.moe.gov.tw/front/bin/ptdetail.phtml? Part=pub-lish000001&Cate gory=3	・網站連結 ・出版品電子檔	教育部
牽手練習曲	婚姻教育	http://moe.familyedu.moe.gov.tw/front/bin/ptdetail.phtml? Part=pub-lish000001&Cate gory=3	・網站連結 ・出版品電子檔	教育部
孕婦健康手冊	婚姻教育	http://www.hpa.gov.tw/BHPNet/Web/Books/manual_content02.aspx	・出版品電子檔	衛生福利部國民健康署

網站名稱	網站類別	網站連結	提供資源	建置來源
心約定—牽手新旅程：中老年世代婚姻教育學習手冊	婚姻教育	http://moe.familyedu.moe.gov.tw/front/bin/ptdetail.phtml? Part=pub-lish000001&Cate gory=3	·網站連結 ·出版品電子檔	教育部
無毒家園網站	親職教育	http://refrain.moj.gov.tw	·網站連結	法務部
育兒親職網	親職教育	http://babyedu.sfaa.gov.tw/	·網站連結	衛生福利部社會及家庭署
我和我的孩子：一本給家長的手冊（低年級）	親職教育	http://moe.familyedu.moe.gov.tw/front/bin/ptdetail.phtml? Part=12100001&Cat-egory=3	·網站連結 ·出版品電子檔	教育部
我和我的孩子：一本給家長的手冊（中年級）	親職教育	http://moe.familyedu.moe.gov.tw/front/bin/ptdetail.phtml? Part=12100002&Cat-egory=3	·網站連結 ·出版品電子檔	教育部
我和我的孩子：一本給家長的手冊（高年級）	親職教育	http://moe.familyedu.moe.gov.tw/front/bin/ptdetail.phtml? Part=12100003&Cat-egory=3	·網站連結 ·可提供出版品	教育部
父母法律手冊	親職教育	http://www.moj.gov.tw/ct.asp? xItem=27184&CtNode=30942&mp=001	·網站連結 ·出版品電子檔	法務部
新手父母快樂秘笈	親職教育	1. 套書（含光碟） 2. http://babyedu.sfaa.gov.tw/	·出版品電子檔	衛生福利部社會及家庭署
母乳哺育教戰手冊	親職教育	http://health99.hpa.gov.tw/EducZone/edu_detail.aspx? CatId=21695	·出版品電子檔	衛生福利部國民健康署

網站名稱	網站類別	網站連結	提供資源	建置來源
兒童健康手冊	親職教育	http://www.hpa.gov.tw/BHPNet/Web/Books/manual_content01.aspx	・出版品電子檔	衛生福利部國民健康署
性別主流化	性別教育	http://elearning.rad.gov.tw/moodle/course/view.php? id=3742	・網站連結	行政院人事行政總處地方行政研習中心
性別影響評估理念與實務	性別教育	http://elearning.rad.gov.tw/moodle/course/view.php? id=3745	・網站連結	行政院人事行政總處地方行政研習中心
兩性互動的界線：談性騷擾防治法	性別教育	http://elearning.rad.gov.tw/moodle/course/view.php? id=4377	・網站連結	行政院人事行政總處地方行政研習中心
性侵害防治相關法規及通報作業	性別教育	http://elearning.rad.gov.tw/moodle/course/view.php? id=4385	・網站連結	行政院人事行政總處地方行政研習中心
TAGV 反性別暴力資源網	性別教育	http://tagv.mohw.gov.tw/#	・出版品電子檔	衛生福利部保護服務司
性騷擾：公共場所篇	性別教育	http://www.mohw.gov.tw/cht/DOPS/DM1_P.aspx? f_list_no=146&fod_list_no=1471&doc_no=42972	・出版品電子檔	衛生福利部保護服務司
性別平等教育季刊	性別教育	https://www.gender.edu.tw/society/index_maga-zine.asp	・網站連結 ・出版品電子檔	教育部學生事務及特殊教育司
無性別偏見的校園空間手冊	性別教育	https://www.gender.edu.tw/study/index_result.asp? page=2	・網站連結	教育部

網站名稱	網站類別	網站連結	提供資源	建置來源
祖孫共學教育方案創意比賽得獎作品	倫理教育	http://moe.familyedu.moe.gov.tw/front/bin/ptdetail.phtml?Part=10060003&Category=3	·網站連結 ·出版品電子檔	教育部
家庭暴力相關法規及通報作業	家庭資源與管理教育	http://elearning.rad.gov.tw/moodle/course/view.php? id=4389	·網站連結	行政院人事行政總處地方行政研習中心
你我都是自殺防治守門人	家庭資源與管理教育	http://elearning.rad.gov.tw/moodle/course/view.php? id=3767	·網站連結	行政院人事行政總處地方行政研習中心
健康生活動起來手冊	家庭資源與管理教育	http://health99.hpa.gov.tw/media/public/zip/21676.zip	·出版品電子檔	衛生福利部國民健康署
e 等公務園	1. 多元文化教育 2. 親職教育	https://elearning.hrd.gov.tw	·網站連結	行政院人事行政總處公務人力發展中心
性別工作平等資訊網	1. 性別教育 2. 家庭資源與管理教育	http://gee.mol.gov.tw/	·網站連結	勞動部
性別與民俗教材及範例	1. 性別教育 2. 多元文化教育	https://www.gender.edu.tw/study/index_result.asp? page=2	·網站連結	教育部
性別平等教育家長手冊	1. 性別教育 2. 多元文化教育	https://www.gender.edu.tw/society/index_result.asp	·網站連結	教育部
青少年網站：秘密花園	1. 性別教育 2. 婚姻教育	http://young.hpa.gov.tw/YMVC/index.aspx	·網站連結	衛生福利部國民健康署
青少年網站：性福 e 學園	1. 性別教育 2. 婚姻教育 3. 親職教育	http://young.hpa.gov.tw/index.asp	·網站連結	衛生福利部國民健康署

網站名稱	網站類別	網站連結	提供資源	建置來源
遊戲軟體分級查詢網	1. 家庭資源與管理教育 2. 親職教育	http://www.gamerating.org.tw/	• 網站連結	經濟部工業局數位內容產業應用與健全環境推廣計畫
全民資安素養網（家長）	1. 親職教育 2. 家庭資源與管理教育	https://isafe.moe.edu.tw/parents/	• 網站連結 • 出版品電子檔	教育部
全國新住民火炬計畫	多元文化教育	http://www.immigration.gov.tw/mp.asp? mp=TP	• 網站連結	內政部入出國及移民署
兒少通報警訊：謊言篇	家暴防治	1. 光碟 2. http://www.mohw.gov.tw/CHT/Ministry/MediaDetail.aspx? media_fd_no=5&f_list_no=24&media_doc_no=3	• 出版品電子檔	衛生福利部保護服務司
保障兒少生存權：消防篇	家暴防治	1. 光碟 2. http://www.mohw.gov.tw/CHT/Ministry/MediaDetail.aspx? media_fd_no=5&f_list_no=24&media_doc_no=5	• 出版品電子檔	衛生福利部保護服務司

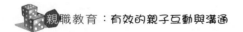

貳、家庭與親職教育相關網站資源：地方單位

網站名稱	網站類別	網站連結	提供資源	建置來源
雄愛生囝仔・FUN 心育兒資源網	親職教育	http://childcare.kcg.gov.tw	・網站連結	高雄市政府社會局
臺中市政府家庭教育中心網站	家庭教育	http://www.family.taichung.gov.tw/	・網站連結	臺中市政府家庭教育中心
宜蘭縣家庭教育中心部落格	家庭教育	http://blog.ilc.edu.tw/blog/blog/26150	・網站連結	宜蘭縣政府家庭教育中心
桃園縣政府家庭教育中心網站	家庭教育	http://family.tyc.edu.tw/	・網站連結	桃園縣政府家庭教育中心
新北市政府家庭教育中心網站	家庭教育	http://family.ntpc.edu.tw/	・網站連結 ・出版品電子檔	新北市政府家庭教育中心
新竹市政府家庭教育中心網站	家庭教育	http://dep-family.hccg.gov.tw/	・網站連結	新竹市政府家庭教育中心
「幸福悠遊站」電子報	家庭教育	1. 第一期連結：http://family.tc.edu.tw/epaper/product/1/ 2. 第二期連結：http://family.tc.edu.tw/epaper/product/2/	・網站連結 ・出版品電子檔	臺中市政府家庭教育中心
高雄市政府警察局婦幼警察隊全球資訊網	1. 性別教育 2. 家暴防治	http://www.kmph.gov.tw/fuyou/	・網站連結	高雄市政府警察局婦幼警察隊
花現幸福溫馨家庭	倫理教育	http://www.family.taipei.gov.tw/ct.asp?xItem=5598194&ctNode=6003&mp=104071	・網站連結	臺北市政府家庭教育中心

網站名稱	網站類別	網站連結	提供資源	建置來源
畫我家庭繪畫比賽成果專輯	倫理教育	http://www.family.taipei.gov.tw/ct.asp?xItem=5594953&ctNode=6003&mp=104071	・網站連結	臺北市政府家庭教育中心
幸福驛站	倫理教育	http://www.family.taipei.gov.tw/ct.asp?xItem=5594406&ctNode=6003&mp=104071	・網站連結	臺北市政府家庭教育中心
祖孫情水彩畫得獎作品專輯	倫理教育	http://www.family.taipei.gov.tw/ct.asp?xItem=5502802&ctNode=6003&mp=104071	・網站連結	臺北市政府家庭教育中心
i 都在：臺南市家庭教育教案彙編	1. 倫理教育 2. 子職教育	http://www.family.tn.edu.tw/education/school_re-source.php	・出版品電子檔	臺南市政府家庭教育中心

參、諮詢輔導專線

　　在家庭中與家人或親子互動之中，難免會產生一些衝突與困擾。當情形較為嚴重，或問題過於複雜時，都可以聯絡專業的諮詢輔導機構，來尋求相關之協助。以下介紹目前國內較為著名的家庭與親子諮詢輔導專線。

一、各縣市家庭教育中心開設的「4128185」諮詢輔導專線

　　885「幫幫我諮詢輔導專線」自 2013 年 3 月開始，改為全國統一的諮詢輔導專線「4128185」，無論身在臺灣的哪一個縣市，室內電話皆可撥打「4128185」，而手機則要撥打「02-4128185」，都有家庭教育中心的專業志工老師，為民眾解惑。只要民眾有關於親子溝通、婚姻關係、性別交往、人際關係、自我調適、家

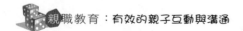

庭關係等方面的問題，需要專業諮詢或需要有人聽聽自己的心聲時，都可以打這個專線，志工老師會熱忱地為大家服務。

二、救國團「張老師」的「1980」（依舊幫你）服務專線

「張老師」於 1969 年 11 月 11 日，由救國團所創辦。救國團有鑑於社會急遽變遷，青少年問題日漸增加，本著「今日我們為青年服務，明日青年為國家服務」的理念，乃創辦「張老師」，希望結合專家學者及社會的整體力量，以加強推展青少年輔導工作，幫助青少年朋友成長發展。「張老師」並自 2001 年起將全省的輔導專線更改為簡易撥碼（直撥 1980「依舊幫您」），打這個專線，志工老師都會熱忱地為大家服務，協助當事人處理情緒及各項生活適應上的困擾，並可針對當事人的立即性問題加以處遇。

三、各縣市生命線的「1995」（要救救我）服務專線

生命線是一個國際性的電話心理輔導機構，藉著全日 24 小時的服務電話，擔負起第一線自殺防治的守門員。並於 1998 年起，為了讓更多需要生命線幫助的人能在第一時間獲得救助，落實「千里一線牽，幫助在耳邊」之功能（Help is as close the telephone）。在交通部與中華電信的積極配合下，將全國二十三個縣市的生命線電話號碼統一為「1995」（要救救我）。

本章摘要

　　現代的家長必須懂得自我學習與成長之道，多多利用一些親職教育相關的資源來隨時充電才行。閱讀素養是本世紀的關鍵核心能力之一。閱讀素養已經成為國際間評比教育競爭力的關鍵指標，閱讀能力是二十一世紀知識社會的共通貨幣。

　　現今已經步入 e 化時代，各種知識訊息都可以透過相關網站的搜尋而獲得。然而，紙本的書籍或刊物拿在手上閱讀，仍有其一定的用處和價值功能。家長想要獲得一些有關親職教育的資源時，仍然可以透過書籍、繪本，以及有關的雜誌和期刊，都是相當有用之途徑。當然，在資訊發達的今日，這些書籍和期刊也有部分已經同步 e 化，而成為「無紙書刊」的讀物，以方便廣大讀者閱讀吸收之所需。

　　繪本在臺灣這些年來相當盛行，不但小朋友可以自行閱讀，更適合於親子共讀。列舉一本在華人社會中非常流行的童話類繪本故事——由道聲出版社印行的《你很特別》。筆者四年前應邀前往四川成都參觀「五一二汶川地震」重建二週年培訓課程時，曾去訪視災後重建的某一工作站，了解為地震災區家長開辦為期八週，每週二小時的「親親寶貝」親子培訓班課程，其主要訓練教材就是共同研讀這本著名的繪本書《你很特別》，且有許多親子間感人的互動分享及回饋。

　　今日臺灣的出版界各類書籍有若雨後春筍般地遍地盛行。家長可透過閱讀書評、藉由學者專家在演講或論述中的介紹等方式，都可以尋得在親職教育方面的好書來閱讀。近來國內發行的一本暢銷翻譯書《我是好爸爸》，是一本值得詳細閱讀的父職類好書。由張老師文化出版的一本暢銷書《熱鍋上的家庭》，此書是在描寫一個瀕臨破碎的家，接受家庭治療的過程及其心路歷程；從這本書中可以使人深刻的體認到，家庭原本是個人最溫暖的避風港，然而一旦經營不善，也可能成為危害個體人格發展的最大殺手。

　　在臺灣，提供一般家長閱讀的各種家庭或親子類期刊並不多見，這與國人缺乏廣泛閱讀的習慣有關。不過，仍有數種不錯的相關期刊，值得筆者在此一一加以介紹，分別是：(1)《親子天下》；(2)《父母親月刊》；(3)《張老師月刊》；(4)

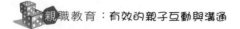
《道德月刊》。

　　有鑑於二十一世紀的臺灣已經全面進入 e 化的新時代，家長要想快速而廣泛地搜尋家庭與親職的有關資訊，一定要能直接進入相關網站去搜尋才行。其實，與家庭及親職相關的機構和網站眾多，尤其是民間的機構與單位更是多到無法計數，但其品質卻是良莠不齊。

　　在本章亦列舉公立的家庭與親職教育機構及其網站，並分為中央和地方單位二部分來介紹；同時也將幾個著名的諮詢輔導專線，例如：(1)各縣市家庭教育中心開設的「4128185」諮詢輔導專線；(2)救國團張老師的「1980」（依舊幫你）服務專線；(3)各縣市生命線的「1995」（要救救我）服務專線等，一併列舉出來，以供有需要的家長、孩子、學生等加以參考運用。

班級／小團體活動

活動名稱：珍重再見

一、目的

1. 總結這學期之所學，並鞏固彼此的情感與經驗。

2. 互道珍重與彼此祝福。

二、一般說明

1. 團體人數：8～10 人分為一小組。

2. 時間：20～30 分鐘。

3. 場地與教材：上課教室分小組進行。紙、筆、桌子、椅子。

三、實施程序

1. 利用優點轟炸法，使團體成員看見自己的積極面。

2. 對團體的優缺點加以檢討，並互相祝福對方。

3. 協商團體結束後的互動與聯繫方式。

問題與討論

1. 何謂「閱讀素養」？何以閱讀素養會成為國際間評比教育競爭力的關鍵指標？請你以自己個人的觀點，來分別加以扼要論述之。

2. 目前家長能利用的親職教育相關資源有哪些？請分別簡要地加以舉例說明之。

3. 臺灣較著名的家庭或親子類期刊有哪些？試以你個人之觀察和體會來加以論述之。

4. 試針對臺灣中央與地方單位的家庭與親職教育機構及其網站，各列舉三項來具體加以說明之。

5. 今日臺灣較為著名的家庭與親子諮詢輔導專線有哪些？請至少舉出二項來加以論述之。

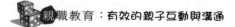

參考文獻

中文部分

井敏珠（1995）。從親職教育之理念論國民中小學親職教育之實施。**輔導季刊**，
　　31（1），13-20。

王以仁（1998）。時代變遷中家庭問題之探究。**家庭教育雙月刊，1**，1-10。

王以仁（2000）。家庭生命週期與家庭教育。載於中華民國家庭教育學會（主
　　編），**家庭教育學**（頁 79-93）。臺北市：師大書苑。

王以仁（2001）。有效的家人溝通。載於中華民國家庭教育協會（主編），**家庭
　　生活教育**（頁 183-209）。臺北市：師大書苑。

王以仁（2003）。受刑人家屬心理需求之研究。**長榮大學學報，7**（1），
　　101-127。

王以仁（2006）。家庭的衝突與有效溝通。載於陳瑞忠（主編），**營造溫馨家園**
　　（頁 3-18）。高雄縣：高雄縣政府。

王以仁（2007）。**人際關係與溝通**。臺北市：心理。

王以仁（2010）。**婚姻與家庭：配偶及家人間的溝通和調適**。臺北市：心理。

王以仁（主編）（2001）。**婚姻與家庭生活的適應**。臺北市：心理。

王以仁、王聲偉（2007）。家庭中生命教育的有效推展。載於中華民國家庭教育
　　學會（主編），**當前家庭教育的挑戰與對策**（頁 33-56）。臺北市：師大書
　　苑。

王以仁、林本喬、鄭翠娟（1996）。國小親職教育小團體輔導方案之研究。**嘉義
　　師院學報，10**，83-118。

王以仁、林本喬、鄭翠娟、呂奕熹（1993）。以父母互動方式進行國小學童稱職
　　父母的系統訓練方案之研究。行政院國家科學委員會補助專案研究報告。

王以仁、林淑玲、駱芳美（2006）。**心理衛生與適應**（第二版）。臺北市：心理。

王以仁、許忠仁（2008）。爸爸學校在台灣推展之初探。載於第十一屆海峽兩岸家庭教育學術研討會論文集（頁 245-259）。

王以仁、陳靖允（2008）。溝通觀念以有效推展校園正向管教。研習資訊雙月刊，**25**（1），33-38。

王以仁、曾迎新（2010）。兩岸家長親職教育實施之初探。載於第十三屆海峽兩岸家庭教育學術研討會論文集（頁 19-26）。

王以仁、曾淑枝、楊如蒼（2005）。學校家長學習團隊建構之探究。載於第七屆海峽兩岸家庭教育學術研討會論文集（頁 71-83）。

王以仁、楊如蒼、王聲偉（2004）。原住民國民小學學童家長親職教育需求之研究。載於 **2004 兩岸家庭教育學術研討會：二十一世紀的親職教育論文集**（頁 251-277）。

王珮玲（1993）。兒童氣質、父母教養方式與兒童社會能力相關之研究。幼兒教育學報，**2**，1-34。

王淑如（1994）。國民中學實施親職教育之研究（未出版之碩士論文）。國立臺灣師範大學，臺北市。

王舒芸、余漢儀（1997）。奶爸難為：雙薪家庭之父職角色初探。婦女與兩性學刊，**8**，115-149。

王靜文（2007）。神奇五小時親子溝通課程實踐對國小高年級學童母子親密感影響之研究（未出版之碩士論文）。國立嘉義大學，嘉義縣。

王鍾和（1995）。家庭結構、父母管教方式與子女行為表現（未出版之博士論文）。國立政治大學，臺北市。

王叢桂（1999）。性別角色信念、家庭承諾、工作承諾與工作價值之關係。本土心理學研究，**11**，59-89。

王叢桂（2000）。華人父母職責信念：以台灣大學生為對象的探索性研究。香港社會科學學報，**18**，57-83。

朱崑中（1996）。青少年所知覺的親子溝通與其自我觀念、生活適應之相關研究（未出版之碩士論文）。國立彰化師範大學，彰化縣。

江芳盛、吳佳倩（2001）。性教育。臺北市：教育部社會教育司。

何淑菁（2011）。嘉義縣國小高年級學童自我概念、父母管教方式與其品格表現之相關研究（未出版之碩士論文）。國立嘉義大學，嘉義縣。

何琦瑜、錢欽昭（2009，11月）。讀寫能力，決定國家競爭力。親子天下：0～15歲閱讀力實戰關鍵，27，12-17。

吳月霞（2005）。國小高年級單親兒童親子互動、社會支持與其幸福感之研究（未出版之碩士論文）。國立嘉義大學，嘉義縣。

吳就君（2000）。婚姻與家庭。臺北市：華騰文化。

吳筱婷（2006）。國小學童父母教養方式與其幸福感關係之研究（未出版之碩士論文）。國立高雄師範大學，高雄市。

宋湘玲、林幸台、鄭熙彥、謝麗紅（2004）。學校輔導工作的理論與實施（增訂版）。彰化縣：品高。

李月櫻（1994）。親子關係與青少年竊盜行為之研究（未出版之碩士論文）。東海大學，臺中市。

李育忠（2000）。影響青少年兩性關係發展之家庭因素探討：單、雙親家庭之比較。訓育研究，39（1），63-73。

李芳如（2001）。新好男人：雙生涯家庭男性家務分擔經驗之研究（未出版之碩士論文）。國立嘉義大學，嘉義縣。

李美枝（1991）。社會心理學：理論與應用。臺北市：大洋。

李茂興（譯）（1996）。諮商與心理治療的理論與實務（原作者：G. Corey）。臺北市：揚智文化。

李素菁（2002）。青少年家庭支持與幸福感之相關研究：以台中市立國中生為例（未出版之碩士論文）。靜宜大學，臺中市。

李湘屏（2008）。台北市某國小學童家長性教育與溝通現況之探討（未出版之碩士論文）。國立臺北教育大學，臺北市。

李愛華（2002）。高雄市國中學生家長對親職教育需求之研究（未出版之碩士論文）。國立高雄師範大學，高雄市。

李瑞玲（譯）（1991）。熱鍋上的家庭：一個家庭治療的心路歷程（原作者：A. Y. Napier & C. Whitaker）。臺北市：張老師文化。

杜宜展（2011）。幼兒母親知覺母職守門及父職參與之研究。**高餐通識教育學刊**，**7**，1-24。

周麗端（1996）。師範院校學生家庭價值觀初探。**中等教育**，**47**（5），63-73。

周麗端、何慧敏、魏秀珍、洪敏琬（2013）。**親職教育**。新北市：國立空中大學。

林月盛（2004）。從青少年價值觀與思考歷程談國中生活教育的實施。**學生輔導**，**94**，88-103。

林玉慈（1998）。**親子溝通品質與青少年生活適應、偏差行為之相關研究**（未出版之碩士論文）。國立政治大學，臺北市。

林家興、曾端真、李淑娟（2008）。**家庭與親職**。新北市：國立空中大學。

林琬馨（2001）。**大學生網路使用情形及其性態度、性行為之研究**（未出版之碩士論文）。國立嘉義大學，嘉義縣。

林淑玲（2006）。家庭價值觀、家庭功能與個人幸福感關係之研究：台灣與廣州的比較。載於中國教育學會家庭教育專業委員會（主編），**第九屆兩岸家庭教育學術研討會論文集**（頁5-20）。廣州市：中國教育學會家庭教育專業委員會。

林淑玲、黃秀珠（2004）。**中小學教庭教育課程規劃報告**。臺北市：教育部社會教育司。

林勝義（1995）。**學校辦理社會教育：理論與實務**。臺北市：師大書苑。

林燕卿（1996）。家庭性教育（上）。**杏陵天地**，**5**（2），15-17。

林寶齡（2012）。**國小高年級學童親子關係與幸福感之研究**（未出版之碩士論文）。中台科技大學，臺中市。

邱桂貞（2007）。**宜蘭地區高職學生性別角色態度與生涯選擇之研究**（未出版之碩士論文）。銘傳大學，臺北市。

邱富琇（2004）。**兒童之親子溝通、壓力因應方式與幸福感之相關研究**（未出版之碩士論文）。國立高雄師範大學，高雄市。

洪雅真（1999）。**夫妻性別角色、權力與衝突之研究**（未出版之碩士論文）。國立嘉義師範學院，嘉義縣。

洪慧芬（1996）。**幼兒圖畫書中父親及母親角色之內容分析研究**（未出版之碩士

論文）。國立臺灣師範大學，臺北市。

晏涵文（1998）。現代青少年感情生活與性教育。**理論與政策，47**，165-182。

晏涵文（2002）。家庭性教育理論篇。載於晏涵文、黃富源（主編），**家庭性教育**（頁 16-50）。臺北市：一家親文化。

晏涵文、高毓秀（1992）。國中教師之性知識、態度與專業「性角色」行為。載於晏涵文（主編），**告訴他性是什麼：0～15 歲的性教育**（頁 113-149）。臺北市：張老師文化。

秦夢群（1999）。營造學習型組織學校：教育行政人員應有的體認與策略。**教育資料與研究，27**，1-12。

高明珠（1998）。**國小兒童親子關係、內外控人格特質、社會支持與其生活及學習適應相關之研究**（未出版之碩士論文）。國立臺南師範學院，臺南市。

張志鴻（2003）。**高雄市國小家長參與親職教育態度之研究：現況分析與網路運用**（未出版之碩士論文）。國立高雄師範大學，高雄市。

張春興（1986）。價值學習四部曲：價值感、價值觀、價值標準、價值判斷。**輔導通訊，7**，8-11。

張春興（1995）。**張氏心理學辭典**。臺北市：東華。

張珍瑜（2004）。**國中學生家長的性知識、性態度及對親職性教育需求之調查研究**（未出版之碩士論文）。國立嘉義大學，嘉義縣。

張淑芬（2002）。**國小學童家長參與親職教育活動需求、動機與阻礙之研究**（未出版之碩士論文）。國立嘉義大學，嘉義縣。

張雅卿（2009）。**原住民地區幼兒園實施親職教育之研究：以中部地區麗美鄉二家幼兒園為例**（未出版之碩士論文）。國立臺中教育大學，臺中市。

張筱苓（2006）。**國中生親子關係、網路使用情形與其性態度之研究**（未出版之碩士論文）。國立嘉義大學，嘉義縣。

郭佳華（2001）。**父親參與父職教育方案相關因素之研究**（未出版之碩士論文）。國立嘉義大學，嘉義縣。

郭靜晃、黃明發（2013）。**發展心理學**。臺北市：揚智文化。

陳香利（2006）。**國小學童的家庭結構、依附風格與幸福感之相關研究**（未出版

之碩士論文）。國立高雄師範大學，高雄市。

陳淑惠、王慧姚（編譯）（1984）。父母難為：稱職父母的系統訓練。臺北市：
　　大洋。

陳詩婷、沈玉培、王以仁、李岳庭、藍菊梅（2014）。在愛裡悠遊：雙性戀者伴
　　侶互動經驗與婚姻態度之敘說。載於 **2014 全國輔導與諮商博碩士研究生學術**
　　研討會手冊（頁 20-21）。

陳靜雁（2003）。**單親母親之母職經驗與內涵**（未出版之碩士論文）。國立暨南
　　國際大學，南投縣。

陳麗好（2011）。**國小高年級學童家庭氣氛、情緒智力與幸福感之相關研究**（未
　　出版之碩士論文）。國立高雄師範大學，高雄市。

彭懷真（1996）。**婚姻與家庭**。臺北市：巨流。

曾志朗（2000）。閱讀是多元智慧成功的基本條件。教師天地，**106**，4-5。

曾玟文（2008）。**國小教師生育酬賞、生育代價與性別角色態度之研究**（未出版
　　之碩士論文）。國立嘉義大學，嘉義縣。

曾春霞（1999）。**台中市國小學童家長對學校實施親職教育的態度與需求之研究**
　　（未出版之碩士論文）。國立臺中師範學院，臺中市。

曾淑枝、王以仁（2003）。以學校為據點的學習型家庭教育推動之研究。載於中
　　華青年交流協會（主編），**新時代新動力新典範：二十一世紀未來教育論壇**
　　論文集（頁 35-59）。

曾端真、曾玲珉（譯）（1996）。**人際關係與溝通**。臺北市：揚智文化。

馮潔瑩（2001）。**高級中學親職教育家長態度與實施做法之研究**（未出版之碩士
　　論文）。國立政治大學，臺北市。

黃巧宜（2014）。**國中生人格特質、父母管教方式與親子關係之相關研究**（未出
　　版之碩士論文）。國立嘉義大學，嘉義縣。

黃正鵠、黃有志（2004）。青少年自主與價值觀輔導。學生輔導，**94**，8-25。

黃怡瑾（2002）。雙薪家庭中男性參與親職主觀經驗之探究。台南師院學報，**35**，
　　313-337。

黃明堅（譯）（1981）。**第三波**（原作者：A. Toffler）。臺北市：聯經。

黃信翰（2013）。多元性別文化：青年同志出櫃之關鍵因素研究（未出版之碩士論文）。國立臺北大學，新北市。

黃春枝（1986）。青少年親子關係適應與父母管教態度之研究。政大教育與心理研究，**9**，85-96。

黃迺毓（2004）。家庭教育。臺北市：五南。

黃迺毓、黃馨慧、蘇雪玉、唐先梅、李淑娟（1995）。家庭概論。新北市：國立空中大學。

黃淵泰（2004）。高職男生父職角色知覺與認同之研究：以屏東縣市為例（未出版之碩士論文）。國立嘉義大學，嘉義縣。

黃暉明（1994）。家庭。載於李明坤、黃紹倫（編），社會學新論。臺北市：商務。

黃資惠（2002）。國小兒童幸福感之研究（未出版之碩士論文）。國立臺南師範學院，臺南市。

黃德祥（2006）。親職教育：理論與應用。臺北市：偉華。

黃慧森（2001）。高職男生父職角色知覺與認同之研究：以屏東縣市為例（未出版之碩士論文）。國立嘉義大學，嘉義縣。

黃瀞瑱（2006）。國小學童父母教養方式、學習壓力與幸福感之關係研究（未出版之碩士論文）。國立高雄師範大學，高雄市。

楊杰青（2013）。國小高年級學童幸福感、父母教養態度與網路成癮之研究（未出版之碩士論文）。國立嘉義大學，嘉義縣。

楊政勳（2000）。基隆市國民中小學實施親職教育現況研究（未出版之碩士論文）。國立花蓮師範學院，花蓮縣。

楊國樞（1986）。家庭因素與子女行為：台灣研究的評析。中華心理學刊，**28**（1），7-28。

廖永靜（2000）。社會變遷、家庭變遷與家庭教育需求。載於中華民國家庭教育學會（主編），家庭教育學（頁35-78）。臺北市：師大書苑。

劉秀娟（1999）。兩性教育。臺北市：揚智文化。

劉育仁（1991）。臺北市托兒所幼兒家長對親職教育的認知與期望之研究（未出

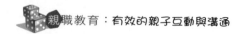

版之碩士論文）。中國文化大學，臺北市。

劉淑媛（2004）。父母教養方式與青少年行為困擾之調查與訪談研究（未出版之碩士論文）。國立成功大學，臺南市。

潘婉茹（2000）。母親性別教養態度與高職女生性別特質、異性交往態度之相關研究（未出版之碩士論文）。國立嘉義大學，嘉義縣。

蔡秋雄（2002）。現代家庭價值觀之傳遞與父母因應之道。教師之友，43（2），41-47。

蔡麗玲（1997）。母職作為女性主義實踐（未出版之碩士論文）。國立清華大學，新竹市。

鄭凱壎（2004）。彰雲嘉地區高職智能障礙學生家長親職教育需求之研究（未出版之碩士論文）。國立嘉義大學，嘉義縣。

賴嘉凰（1999）。青少年氣質與父母管教態度對親子關係之影響（未出版之碩士論文）。國立政治大學，臺北市。

錢基蓮（譯）（2013）。我是好爸爸：10 個工具，讓妻子、孩子更愛你（原作者：G. W. Slayton）。臺北市：天下文化。

謝佩如（2001）。國小六年級學生與家長溝通「性議題」之現況調查：以新竹市學生為對象（未出版之碩士論文）。國立臺灣師範大學，臺北市。

鍾思嘉（2004）。親職教育。臺北市：桂冠。

鍾思嘉、陳皎眉（1987）。青少年性教育。臺北市：師大書苑。

簡春安（1991）。外遇的分析與處置。臺北市：張老師文化。

魏麗敏、黃德祥（1995）。諮商理論與技術。臺北市：五南。

蘇怡菁（2012）。父母教養方式、親子關係與兒童注意力之研究（未出版之碩士論文）。國立嘉義大學，嘉義縣。

蘇建文等人（1995）。發展心理學。臺北市：心理。

英文部分

Arcus, M. E. (1992). Family life education: Toward the 21st century. *Family Relations, 41*(4), 390-394.

Bandura, A. (1977). *Social learning theory*. Englewood Cliff, NJ: Pretice-Hall.

Biddlecom, A., Kofi, A., & Bankole, A. (2009). Role of parents in adolescent sexual activity and contraceptive use in four African countries. *International Perspectives on Sexual and Reproductive Health, 35*(2), 72-81.

Brown, J., & Keller, S. (2000). Can the mass media be healthy sex educators? *Family Planning Perspectives, 32*, 255-256.

Carter, E. A., & McGoldrick, M. (1988). Overview: The changing family life cycle - A framework for family therapy. In B. Carter & M. McGoldrick (Eds.), *The changing family life cycle: A framework for family therapy* (2nd ed.). New York, NY: Allyn & Bacon.

Chang, Y. C., & Chang, Y. H. (2004). The intergenerational transmission of family value: A comparison between teenagers and parents in Taiwan. *Journal of Comparative Family Studies, 35*(4), 523-545.

Corey, G. (2012). *Theory and practice of counseling and psychotherapy* (9th ed.). Belmont, CA: Brooks/Cole.

Duvall, E. M. (1977). *Marriage and family development* (5th ed.). Philadelphia, PA : Lippincott.

Erikson, E. (1983). *Childhood and society* (2nd ed.). New York, NY: W. W. Norton.

Fagot, B. I. (1995). Parenting boys and girls. In M. H. Bornstein (Ed.), *Handbook of parenting: Vol. 1, Children and parenting*. Mahwah, NJ: Lawrence Erlbaum Associates.

Fincham, F. D., Grych, J. H., & Osborne, L. N. (1994). Does marital conflict cause child maladjustment? Directions and challenges for longitudinal research. *Journal of Family Psychology, 8*, 128-140.

George, E. D., & Michael, R. (1995). *Understanding Families diversity, continuity, and change* (2nd ed.). New York, NY: Harcourt Brace Collage.

Goldenberg, H., & Goldenberg, I. (2012). *Family therapy: An overview* (8th ed.). Pacific Grove, CA: Brooks/Cole.

Goode, W. J. (1982). *The family* (2nd ed.). NJ: Prentice-Hall.

Goodman, N. (1993). *Marriage and the family*. New York, NY: Harper Collins.

Gordon, T. (1970). *Parent effectiveness training*. New York, NY: Peter H. Wyden.

Gottman, J. M., & Levenson, R. W. (2000). The timing of divorce: Predicting when a couple will divorce over a 14-year period. *Journal of Marriage & the Family, 62*, 737-745.

Griffiths, M. (2000). Excessive internet use: Implications for sexual behavior. *Cyber Psychology & Behavior, 3*(4), 537-552.

Huston, T. L., & Homles, E. K. (2004). Becoming parents. In A. Vangeslisti (Ed.), *Handbook of family communication* (pp.105-133). Mahwah, NJ: Lawrence Erlbaum Associates.

Kaplan, P. S., & Stein, J. (1984). *Psychology of adjustment*. Belmont, CA: Wadsworth.

Kendall, N. (2008). Introduction to special issue the state(s) of sexuality education in America. *Sexuality Research & Social Policy, 5*(2), 1-11.

Lamb, M. E. (1981). *The roles of the father in child development*. New York, NY: John Wiley & Sons.

Levin, J. A., & Pittinsky, T. L. (1997). *Working fathers: New strategies for balancing work and family*. New York, NY: Addison-Wesley.

Maccoby, E. E., & Martin, J. A. (1983). Socialization in the content of the family: Parent-child interaction. In P. H. Mussen (Ed.), *Handbook of child psychology* (pp. 1-101). New York, NY: John Willey & Sons.

Olson, D., & DeFrain, J. (2006). *Marriages and families: Intimacy, diversity and strengths* (5th ed.). Boston, MA: McGraw-Hill.

Osborne, P. (1989). *Parenting for the 90s*. Intercourse, PA: Good Books.

Palan, K. M. (1998). Relationships between family communication and consumer activities of adolescent: An exploratory study. *Journal of Marketing Science, 26*(4), 338-349.

Perry-Jenkins, M., Pierce, C. P., & Goldberg, A. E. (2004). Discourses on diapers and dirty laundry: Family communication about child care and housework. In A. Vangeslisti (Ed.), *Handbook of family communication* (pp. 541-561). Mahwah, NJ: Law-rence Erlbaum Associates.

Pina, D., & Bengtson, V. (1993). The division of household labor and wives' happiness: Ideology, employment and perceptions of support. *Journal of Marriage & the Family, 55*(4), 901-912.

Pittman, J., & Blanchard, D. (1996). The effects of work history and timing of marriage on the division of household labor: A life course perspective. *Journal of Marriage & the Family, 58*, 78-90.

Roberts, T. W. (1994). *A systems perspective of parenting*. Pacific Grove, CA: Brooks/Cole.

Rosenthal, R., & Jacobson, L. (1968). *Pygmalion in the classroom: Teacher expectation and pupils' intellectual development*. New York, NY: Holt Rinehart & Winston.

Sears, H. A., & Galambos, N. L. (1992). Woman's work conditions and marital adjust-ment in two-earner couple: A structural model. *Journal of Marriage & the Family, 54*, 789-797.

Shaffer, H. J., Hall, M. N., Vander, B., & Joni, C. (2000). Computer addiction: Acritical consideration. *American Journal of Orthopsychiatry, 70*(2), 162-168.

Slayton, G. W. (2012). *Be a better dad today: 10 tools every father needs*. Ventura, CA: Regal.

Stevens, J. H. (1989). Parent education. In *The World Book Encyclopedia* (V.15), World Book.

Suler, J. (1999). To get what you need: Healthy and pathological internet use. *Cyber Psy-chology & Behavior, 2*(5), 385-393.

Walsh, D. (2011). *Smart parenting, smarter kids*. New York, NY: The Free.

Worden, M. (2003). *Family therapy basics* (3rd ed.). Pacific Grove, CA: Brooks/Cole.

Zilbach, J. J. (1989). The family life cycle: A framework for understanding children in family therapy. In L. Combrinck-Graham (Ed.), *Children in family contexts: Per-spectives on treatment*. New York, NY: Guilford.

Zimmerman, S. L. (1988). *Understanding family policy: Theories and applications.* Thousand Oaks, CA: Sage.

國家圖書館出版品預行編目（CIP）資料

親職教育：有效的親子互動與溝通／王以仁著.
--初版.-- 臺北市：心理, 2014.09
面；公分.--（通識教育系列；33034）

ISBN 978-986-191-620-0（平裝）

1. 親職教育　　2. 親子溝通

528.2　　　　　　　　　　　103017473

通識教育系列 33034

親職教育：有效的親子互動與溝通

作　　　者：王以仁
責任編輯：郭佳玲
總 編 輯：林敬堯
發 行 人：洪有義
出 版 者：心理出版社股份有限公司
地　　　址：231026 新北市新店區光明街 288 號 7 樓
電　　　話：(02) 29150566
傳　　　真：(02) 29152928
郵撥帳號：19293172 心理出版社股份有限公司
網　　　址：https://www.psy.com.tw
電子信箱：psychoco@ms15.hinet.net
排 版 者：辰皓國際出版製作有限公司
印 刷 者：辰皓國際出版製作有限公司
初版一刷：2014 年 9 月
初版二刷：2021 年 6 月
I S B N：978-986-191-620-0
定　　　價：新台幣 250 元